NINGUNA RELIGIÓN

CÓMO CUIDAR TU VIDA INTERIOR

FERNANDO ALTARE

La misión de Editorial Vida es ser la compañía líder en satisfacer las necesidades de las personas con recursos cuyo contenido glorifique al Señor Jesucristo y promueva principios bíblicos.

NINGUNA RELIGIÓN
Edición en español publicada por
Editorial Vida -2013
Miami, Florida

© 2013 por Fernando Altare

Edición: *Raquel Martínez*
Diseño de interior: *CREATOR studio.net*

RESERVADOS TODOS LOS DERECHOS. A MENOS QUE SE INDIQUE LO CONTRARIO, EL TEXTO BÍBLICO SE TOMÓ DE LA SANTA BIBLIA NUEVA VERSIÓN INTERNACIONAL. © 1999 POR BÍBLICA INTERNACIONAL.

ISBN: 978-0-8297-6179-5

CATEGORÍA: Ministerio cristiano / Juventud

IMPRESO EN LOS ESTADOS UNIDOS DE AMÉRICA
PRINTED IN THE UNITED STATES OF AMERICA

13 14 15 16 ❖ 6 5 4 3 2 1

TABLA DE CONTENIDO

Dedicatoria... **5**

Prólogo por Lucas Leys.. **7**

Capítulo 1:
¿Religioso yo? **9**

Capítulo 2:
Una cita solo para dos... **25**

Capítulo 3:
Apagando el micrófono y encendiendo el corazón......... **41**

Capítulo 4:
¿Lámpara o cama solar?.. **57**

Capítulo 5:
El desequilibrio del «reunionismo».................... **71**

Capítulo 6:
Sirviendo a Dios y no a las cámaras.................... **87**

Capítulo 7:
Soltemos las piedras **99**

Capítulo 8:
Superhéroes espirituales....................................... **111**

Capítulo 9:
Mucho manto y poca toalla **123**

Capítulo 10:
¿La iglesia contra el mundo?................................ **135**

Dedicatoria

A Dios, quien desde el minuto cero de mi vida ha insistido con darme más de lo que me merezco.

Al maravilloso invento de Dios llamado Iglesia, a quien espero humildemente aportarle algo útil con este libro.

A mi esposa Virginia Bonino, la editora de mi vida. Cuando la conocí yo era un simple manuscrito en borrador, del cual ella, con su amor y dedicación, supo sacar la mejor versión. Sigo en proceso de pulido, pero estoy en las mejores manos. Te amo y soy feliz a tu lado. Gracias por enseñarme y darme tanto todos los días.

A mis hijos Francisco y Florencia, cuyas sonrisas y miradas iluminan mi existencia y me elevan a un sentido de plenitud muy difícil de explicar.

Prólogo

Decir que el cristianismo es una relación y no una religión puede sonar a cliché. Pero ¿qué queremos decir con esa afirmación? ¿Será cierto que no tenemos ninguna religión?

¿Cómo podemos estar seguros?
En este libro Fernando hace un trabajo extraordinario para ayudarnos a ver en el espejo de las intenciones del corazón de Dios y nos abre un portal a la asombrosa aventura de seguir a Jesús en esa relación personal que nos libera de la oscuridad de los prejuicios, dogmas y leyes humanas.

Estas páginas liberarán tu alma a extender sus alas y disfrutar el cumplimiento de los sueños de Dios en tu vida. Gracias Fernando por dejarte usar para impregnar nuestros corazones y mentes con la fresca fragancia de la gracia y libertad que tenemos en Dios.

Dr. Lucas Leys
Autor y conferencista internacional

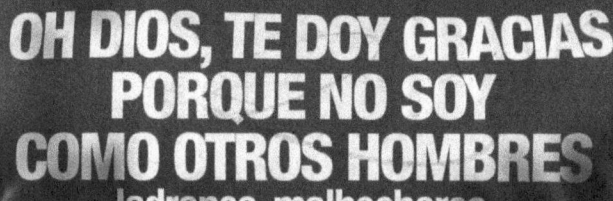

¿RELIGIOSO YO?

Hay una pregunta que he tenido que contestar infinidad de veces en mi vida, en diferentes lugares y a distintas edades. Amigos, compañeros de estudio, de deportes, de trabajo o gente que ocasionalmente viajó conmigo, todos en algún momento quisieron saber: ¿De qué se trata tu religión?

Cada vez que me preguntan sobre mi religión me surgen dos sensaciones muy claras y a la vez opuestas. La primera es positiva. Me entusiasma que me den la oportunidad de explicar por unos pocos minutos la **relación** que tengo con Dios. (En el caso de algunas amistades ese es un momento que siempre espero y trato de generar). La otra sensación es de tristeza y frustración. ¿Por qué será que casi en el 100% de los casos tenemos que estar explicándoles a nuestros amigos que en realidad lo que Jesús vino a proponernos no es ninguna **religión**? ¿Acaso no se nota al vernos vivir? ¿Soy yo el problema? ¿Somos todos los cristianos, o simplemente es la ignorancia de aquellos que no lo son? Quedarnos con esta última opción sería lo más fácil y cómodo, pero no lo más sabio. Precisamente de eso se trata este libro, de recorrer nuestros hábitos y sobre todo nuestro corazón, para descubrir juntos en qué consiste realmente, en los hechos, el vínculo que tenemos con Dios.

Hasta donde me llega la memoria, he estado sentado en alguna iglesia siendo parte de lo que ahí pasaba y, afortunadamente, hasta el día de hoy eso no se ha interrumpido. Como te imaginarás, hay ciertas frases que mis oídos escucharon cientos de veces. Una de ellas dice así: **«Lo nuestro no es una religión, es una relación».** Siempre creí en eso y sinceramente no tengo otra forma de entender lo que me pasa con Dios. Pero tengo que ser sincero y reconocer que he llegado a la siguiente conclusión:

La **religión** que digo no tener condiciona, limita, frena, entorpece, distrae, desvía y, por qué no, arruina mi **relación** con Dios.

Es muy probable que te estés compadeciendo de mí y pensando que gracias a Dios este no es tu caso. Pues entonces con más razón te invito a que con toda tranquilidad aceptes el desafío, planteado por este libro, que a otros podría resultarles bastante incómodo: mirar hacia adentro y evaluarnos; revisar convicciones y descubrir en qué se basan; darnos permiso para preguntarnos cosas; descubrir que la duda no es diabólica y que plantearnos interrogantes nos lleva a afianzarnos más en lo que realmente creemos; buscar a Dios dándole lugar a que responda nuestras preguntas a través de la Biblia, aunque su claridad en algún caso no coincida exactamente con lo que nos enseñaron o, en todo caso, con la manera en la que lo aprendimos.

¿Qué es la religión?

Te propongo que en vez de ir a la etimología o historia de la palabra, recurramos a la manera en la que cualquiera de nuestros vecinos o compañeros en la calle definiría la religión. En palabras fáciles, ellos dirían que es algo así como **un sistema que obliga a sus miembros con dos listas: la lista de lo que hay que hacer y la lista de lo que no hay que hacer.** Hoy la gente percibe la religión como una especie de reglamento que ya está escrito, que no admite discusiones y que se estableció hace tanto tiempo que hoy es inaplicable, está fuera de contexto, es decididamente fundamentalista y por lo tanto discriminatorio y retrógrado.

Sé que no suena agradable. Ahora, la nota más lamentable de todo esto es que uno se sigue sorprendiendo por la cantidad de cristianos en todas las latitudes que viven y practican su fe «religiosamente». Parecen sentir sobre sus espaldas la pesada mochila de estas supuestas listas, y su espiritualidad se limita simplemente a seguir reglas. En vez de experimentar la maravilla de conocer íntimamente a Dios, creciendo y disfrutando la libertad única que se vive a su lado, se dedican con esfuerzo, sacrificio y desgaste solamente a «cumplir». Cumplir con Dios, como si se pudiera. Cumplir con la iglesia, con la hipocresía que esto puede traer de la mano. Cumplir con sus pastores, con los evidentes abusos de llevar esto a extremos innecesarios. En última instancia, cumplir con lo que está escrito. ¿En la Biblia? Bueno, no siempre. Desafortunadamente, hay cosas que no están escritas en ninguna parte y aun así agobian a mucha gente que sufre por obedecerlas.

Lo que Jesús vino a proponer

En *Juan 10:10* Jesús dijo que había venido al mundo para darnos vida abundante; es decir, emocionante, intensa, plena y placentera; una manera de transitar los días con una sensación constante de saciedad y satisfacción como la que siente alguien que está lleno; todo lo contrario a tener hambre, sed o sentir que nos falta algo. Es más, en *Juan 4:13* dijo que sería como tener una fuente adentro, que además de saciarnos a nosotros podría rebosar, salpicando y contagiando a otros alrededor. Yo diría que esto es VIDA en el mejor y más completo de los sentidos. Eso, y no menos que eso, es lo que Jesús nos

> **HOY LA GENTE PERCIBE LA RELIGIÓN COMO UNA ESPECIE DE REGLAMENTO QUE YA ESTÁ ESCRITO, QUE NO ADMITE DISCUSIONES Y QUE SE ESTABLECIÓ HACE TANTO TIEMPO QUE HOY ES INAPLICABLE.**

vino a proponer como algo posible y factible de vivir, en medio de nuestras debilidades. Sin embargo, no hace falta que te diga que la vida abundante es un concepto que se predica mucho, pero que se experimenta poco. Algo no está saliendo bien y descartemos que sea responsabilidad de Dios.

Algo pasó en el camino

El relato de los Evangelios es tan claro a la hora de pintarnos un cuadro del carácter, los valores, los intereses y las prioridades de Jesús, que parece increíble que hoy una buena parte de la cristiandad estemos tan lejos de aquella esencia; tan ocupados en cosas que Cristo jamás priorizó, tan atentos a mandamientos que él jamás pronunció y tan encerrados y desenfocados con cosas que él jamás planeó, y negamos así la misión para la que existimos. Definitivamente algo, o mucho, pasó en el camino para que hoy miles de cristianos estemos ocupados en una cosa totalmente distinta a esa propuesta original que se nos vino a ofrecer. Posiblemente la sociedad no esté tan errada y mis amigos con su pregunta tampoco. Los que quizás estemos haciendo algo errado somos nosotros, por lo que los que nos rodean no terminan de entender cuando nos ven de qué trata el cristianismo. Para muchos lo nuestro no solo se trata de una religión, sino que además no deja de ser una más entre tantas. Y convengamos que a través de la religión difícilmente podamos contagiarle nuestra fe a alguien.

Una buena manera de alejar a la gente

Hoy más que nunca, la gente ve la religión como algo negativo y nada atractivo, que en vez de acercarlos a la espiritualidad, definitivamente los aleja por varios motivos que algunos buenos amigos míos, que no profesan nuestra fe, han tenido la amabilidad de confesarme mientras compartíamos unos mates. Esto es lo que escuché: «Por un lado, a nadie le gusta que le impongan, de manera rígida y sin demasiada explicación, la manera en la que debe manejar su vida. Por otro, hay muchos que con dureza e insensibilidad defienden a capa y espada su supuesta fe, pero basta con echar un vistazo a sus vidas para descubrir con desilusión la falta de integridad, el doble mensaje y la incoherencia en sus actos personales. Además, las personas suelen tener dudas, inquietudes, iniciativas e incluso sugerencias, pero la religión les grita desde lejos que ya está todo estipulado y que la única forma de entrar es agachando la cabeza y aceptando lo que se les dice como si fuera ley». Si así lo entienden desde afuera, está claro que nadie va a estar interesado en perder su libertad e identidad mezclándose en un contexto donde la hipocresía parece inevitable.

Seamos una muestra fiel

Por eso cada vez hacen falta más cristianos auténticos

que le demostremos a la sociedad que no somos una rara excepción, que lo que defendemos no es un reglamento, que lo que más nos importa es Dios y la gente, que no miramos con superioridad y desprecio a los que no son de nosotros como si fuéramos perfectos, y que no hemos abrazado la falsedad como el modo de manejarnos.

Esta es la época y la iglesia en la que nos ha tocado vivir (y no me refiero a tu iglesia local), y juntos podemos hacer mucho si primeramente aprendemos a disfrutar lo que estamos ofreciendo. ¡Gracias a Dios por tantos cristianos verdaderos, que en pleno siglo veintiuno son una muestra fiel del resultado que Dios causa en una persona! Recorriendo diferentes ciudades y países veo cada vez más de estos buenos ejemplos, lo que recarga mi entusiasmo y demuestra que no todo está al revés en la iglesia. Pero por otro lado, no sería del todo honesto si no dijera que también observo otras realidades que me llevan a querer escribir este libro. Dios sabe con qué espíritu lo estoy escribiendo. Tengo ganas de hacer un humilde aporte que ayude a construir, corregir y enderezar nuestra relación personal con Dios, empezando por la mía. Oro para que nadie se sienta atacado al leerlo, ya que no puedo ni intento juzgar a nadie. Más bien busco analizar hechos y realidades que veo con mis propios ojos, tratando de abrir el camino para que nuestra ley mayor, la Palabra de Dios, nos ilumine.

Algunas señales

Con la transparencia que vamos a necesitar para meternos en estos temas, quiero mencionar algunas cosas que hoy se pueden ver y que explican casi por sí mismas (al menos resumidamente), esa brecha que hay entre la propuesta divina y nuestro presente:

Pastores que dan cátedra del contenido de la Biblia pero que, paradójicamente, parece que el mismo todavía no hizo efecto en ellos; creyentes que queriendo guardarse de la contaminación del mundo, se aíslan y terminan corrompiéndose entre cuatro paredes; gente que estudia y enseña acerca de la gracia de Dios, pero que evidentemente aún no tienen idea de qué se trata; líderes juveniles que les transmiten a sus chicos las mismas reglas y presiones que sin ningún tipo de explicación les impusieron a ellos, ayudando a que muchos le sientan un gustito feo a su fe y se alejen; iglesias que están mucho más preocupadas en defenderse del «peligro» de otras denominaciones cristianas que del verdadero enemigo o de cumplir su verdadera misión. En síntesis, gente que lee, escucha y hasta predica sobre los fariseos de antaño, sin llegar a pensar que pueden estar cayendo en los mismos errores.

Nuestro máximo «antiejemplo»

Los dirigentes religiosos de la época de Jesús, es decir, los fariseos, los saduceos y los escribas o maestros de la ley, cumplieron un papel protagonista estelar en los Evangelios, que terminó siendo tristemente célebre. Su filosofía, es decir, la manera en la que ellos entendían a Dios y la vida, sigue siendo todo un llamado de atención para nosotros. Vez tras vez a lo largo de este libro, volveremos a ellos. Nos han dejado un gran ejemplo. Uno que el mismo Señor nos aconseja no seguir, y para ello debemos tener claro dónde estaba su error, para no repetir la historia.

Un diagnóstico claro y concreto de ellos podría ser el siguiente: Estaban tan humanamente obsesionados con serle fieles a Dios, que Dios mismo vino a estar con ellos y ni siquiera se dieron cuenta. Es más, ya sabes el final: no solo se lo perdieron, sino que además lo vieron como un enemigo de su fe e hicieron todo lo posible para acabar con él.
Esa ceguera no tan inocente fue el motivo por el cual nuestro Salvador constantemente chocó y se enfrentó con ellos. Eran tan fanáticos de lo que habían estudiado y aprendido desde niños, que el mismo Creador podía descender del cielo y eso no iba a ser tan importante como sus doctrinas. Ellos podían recitar de memoria los libros sagrados, los mandamientos y toda una serie de reglas que habían ido

agregando a lo largo de los años. ¿Cómo poner en duda aquello a lo cual le dedicaron la vida? ¿Cómo sacarse de la cabeza la imagen de esos maestros cuya palabra para ellos siempre fue sagrada? Además, el poseer todo ese conocimiento y defenderlo era parte de su identidad; les daba una posición de privilegio, un estatus y un poder que por nada del mundo querrían perder.

¿Por qué iban a detenerse a revisar lo que estaban sosteniendo y enseñando al pueblo?

Aquí suena una alarma.

> **EN NUESTRO FUERO ÍNTIMO NOS NEGAMOS TOTALMENTE A LA REVISIÓN DE NUESTRAS CONVICCIONES, PARADIGMAS Y PUNTOS DE VISTA, LISA Y LLANAMENTE POR TEMOR Y ORGULLO PERSONAL.**

No puedo evitar el reconocer con dolor que esta misma situación se refleja hoy en día en algunos de nosotros. En nuestro fuero íntimo nos negamos totalmente a la revisión de nuestras convicciones, paradigmas y puntos de vista, lisa y llanamente por temor y orgullo personal. ¡Que nunca sea este tu caso!

Más cristianos que Cristo...

En algunos países latinoamericanos usamos una expresión popular para referirnos al fanatismo desmedido de alguien: decimos que esa persona es «más papista que el Papa». Significa que a veces se puede llegar a tal grado de obsesión y fundamentalismo, que se llevan las cosas más allá, se pierde el foco y ya ni siquiera se representa fielmente las ideas o creencias que uno defendía al inicio. Tristemente, lo que estoy por decir siempre ha sucedido: Hay creyentes que parecen pretenden ser «más cristianos que Cristo», o más santos y divinos que él, lo que equivaldría a decir que intentan ser «más divinos que Dios». Una verdadera locura, ¿no es cierto? Pero sigue ocurriendo.

Para ilustrar ciertos conceptos se necesitan ejemplos, y lo bueno es que Jesús los usaba constantemente. En *Mateo 15:3-6* el Señor da una de las tantas razones por las cuales los fariseos y maestros no cumplían con la ley por culpa de las tradiciones. Esta gente había llevado algunos mandamientos a extremos tan desviados que habían llegado a enseñar que si por ofrendar a Dios no podías ayudar a tus padres (sin importar que se estuvieran muriendo de hambre), Dios estaba primero y la ofrenda a él también. Algunos seguramente pensaban lo contento que se sentiría Dios ante tal sacrificio, pero Jesús los llamó hipócritas y les recordó uno de los diez mandamientos: «Honra a tu padre y a tu madre». Ellos habían ido demasiado lejos, a un punto al que nadie les había pedido ir.

En nuestros días todavía existe este tipo de conductas exageradas. Espero que al leer estos ejemplos te sorprendas y te espantes, lo que significaría que nadie de estas características anda cerca de ti. Suelo cruzarme con cristianos que aman tanto a Dios que se autoerigen como vigilantes de la santidad (de los demás, por supuesto), y son capaces de ajusticiar de la forma más cruel a aquellos por los cuales el Señor se desvive de amor. Eligen a gusto y conveniencia algunos mandamientos, pisoteando de manera burda e incomprensible muchos otros; es decir, que ellos mismos deciden cuáles son los más importantes. Otros tratan de hacernos creer (e incluso ellos mismos ya se han autoconvencido) que se manejan permanentemente despegados algunos centímetros del suelo, flotando en la nube de su santidad, muy cerca de la perfección; mientras que Jesús anduvo mucho más con los pies sobre la tierra, honrando una limitación humana que ellos parecen querer negar. Ellos parecen intentar «superar» a Cristo, llevando algunas cuestiones a lugares donde él nunca las llevó.

Si lo inventaron ustedes, háganse cargo...

Es muy común ver en las noticias que alguien famoso sale a desmentir algún dicho que circuló ganando la calle. En estos casos el supuesto autor de la frase, que suele ser un político, artista o deportista, casi siempre asegura no haberla pronunciado. ¿Te pusiste a pensar alguna vez qué pasaría si el mismo Jesús tuviera un pequeño espacio en los medios para presentar su defensa y aclarar públicamente qué expresiones salieron de su boca y cuáles no?

En *Mateo 15:9*, en uno de los tantos roces verbales que tuvo con los líderes religiosos, el Señor fue absolutamente categórico, y soltó una verdadera bomba teológica que todavía sigue sacudiendo las paredes y moviendo el piso de muchos templos. Fue toda una desmentida que puso en su lugar las cosas. La Traducción en Lenguaje Actual lo expresa así: *«De nada sirve que ustedes me alaben, pues inventan reglas y luego las enseñan diciendo que yo las ordené»*. ¡Qué momento! Los representantes de Dios en la tierra, los que le explicaban y enseñaban a la gente cómo obedecerlo, vieron y escucharon al mismísimo Señor decirles en la cara algo así como: «Ustedes están enseñando cosas que yo nunca dije. No me metan a mí porque son inventos de ustedes. Le mienten a la gente y encima después intentan alabarme...».

Ojalá siempre sepamos distinguir lo que Dios realmente dijo y espera de nosotros, de aquello que los hombres, bien intencionados o no, agregaron en algún momento, a veces dándole el rango o categoría de indiscutible. Sujetarse a las autoridades de la iglesia es bíblico y es lo mejor que podemos hacer, pero no hace falta que nos mientan haciendo responsable a Dios de criterios, puntos de vista y conceptos humanos. Los principios que descansan en los mandamientos que él nos dejó son intemporales: van más allá de las épocas y de las circunstancias. En cambio, hay muchas decisiones que las iglesias o los cristianos fuimos tomando en determinados contextos, que a veces poco y nada tienen que ver con cosas que el Señor realmente esté esperando de nosotros hoy. Hay grupos que se preocupan más por el cumplimiento de este tipo de costumbres secundarias que por las verdaderas prioridades de la fe establecidas en la Biblia.

Mosquitos no, pero camellos a montones...

En *Mateo 23:24* el Señor señala un comportamiento típico de quienes están más apasionados por cumplir un reglamento que por la misma persona de Dios. Él les dice a los religiosos: *«¡Guías ciegos! Cuelan el mosquito pero se tragan el camello»*. ¿Hace falta explicar esta frase del Maestro? Creería que no pero, por alguna razón, algunos de nosotros seguimos ocupándonos fanáticamente de respetar a muerte algunos aspectos pequeños de la Biblia, mientras que inexplicablemente ni siquiera tomamos en cuenta otros que son más importantes.

¿Hay mandamientos que son más importantes?

Desde niño percibí una dualidad en este tema. Por un lado escuchaba a algunos que decían que para Dios no hay mandamientos más importantes que otros. Al mismo tiempo veía que quienes sostenían y enseñaban esto, en la práctica le daban una atención abismalmente distinta a algunos temas en comparación con otros. La única forma de resolver este dilema es acudir a la verdadera fuente, a la autoridad legítima que es el mismo Jesús. Y la respuesta es: ¡Sí, confirmado! Para Dios hay algunos asuntos que son prioritarios, fundamentales, cosas que están primero, aspectos que hay que tener en cuenta antes que otros. Si tenemos dudas al respecto es porque no hemos leído los Evangelios con atención. *Mateo 22:36* no es el único pasaje en el cual le preguntan al Hijo de Dios: *«¿Cuál es el mandamiento más importante?»*. Él no contestó con indirectas ni evasivas, y tampoco negó que eso fuera posible, sino todo lo contrario: simplemente fue contundente al responder cuál es el primero y el segundo en su lista de prioridades. Dicho sea de paso, ya que sobre esto no se puede discutir, a todos los que nos interesa agradar a Dios nos vendría muy bien refrescar estos dos mandamientos diariamente. Pero entonces ¿sólo hay que cumplir algunos mandamientos y no importa tanto si no nos ocupamos de otros? No; pensar así sería un grave error y además el Señor lo aclara muy bien en *Mateo 23:23*.

¿RELIGIOSO YO?

No tratemos de hacer confusa una expresión que es más que clara. Jesús dice en otras palabras que tenemos que obedecer todo lo que se nos manda, pero que sería un gran desequilibrio detenerse obsesivamente en algunos detalles de la ley dejando de lado «*lo más importante*». Todo importa, pero definitivamente hay cosas por las cuales hay que empezar.

Muy obedientes y muy desobedientes

¿Ejemplos? ¿Qué mejor que el mismo que usó nuestro Señor en el versículo que estamos analizando? Estos religiosos se ocupaban minuciosamente de separar, con una exactitud matemática asombrosa, la décima parte de cada pequeña especia que cosechaban en sus jardines de hierba para ofrendársela a Dios; es decir, diezmaban tomando en cuenta hasta sus más mínimos ingresos. ¿Y que hay de malo en eso? Absolutamente nada; el error estaba en ocuparse de ser obedientes en esos centavos, mientras que a la vez eran injustos con sus semejantes: no los trataban con amor y no eran lo fieles a Dios

> NO TRANSITEMOS POR ESOS CAMINOS QUE SON HABITADOS POR LOS QUE QUIEREN ACOMODAR Y MANIPULAR LA VOLUNTAD DIVINA A SU CONVENIENCIA.

que debían ser en sus vidas privadas. Y como hay gente que siempre se va de un extremo a otro, para no dar lugar a dudas Jesús concluye el versículo diciendo: «*Debían haber practicado esto sin descuidar aquello*». Es decir: «¿Por qué no ponen el mismo empeño, dedicación y esfuerzo a la hora de mostrar amor, justicia y fidelidad? No dejen de ofrendar, pero yo sigo esperando lo principal...».

No es una buena noticia que después de más de dos milenios muchos cristianos andemos por la vida aferrados a nuestro gran colador de mosquitos, mirando a diestra y a siniestra para que ni siquiera por descuido uno de ellos llegue a nuestras bocas. Parece mentira que tanta obsesión por los insectos nos lleve a tragarnos camellos, elefantes y jirafas. No hago más que seguir el hilo de la exageración que utilizó Jesús para mostrar de manera gráfica lo que quiso enseñar. ¿Cómo se puede mirar para otro lado a la hora de obedecer lo más significativo de la voluntad de Dios, y ser tan desproporcionadamente «justo», «fiel» y «obediente» en cosas que, si no van de la mano de otras mayores, se vuelven menores e irrelevantes?

¿Mi Biblia está completa?
El cuadro se agrava si entre todos abrimos los ojos al hecho de que, a veces, en nuestros contextos los mosquitos ni siquiera son «detalles pequeños de la ley». Me sigue entristeciendo cuando en diferentes lugares (mayormente los jóvenes, pero también personas de otras edades), me cuentan la gran presión que reciben por parte de sus líderes para obedecer reglas que no están escritas en ninguna parte, pero que forman parte de la manera en que ellos entienden el cristianismo.

He visto y escuchado a algunos pastores defender, tan efusivamente y con tanta convicción, ciertas costumbres, que por un segundo lograron hacerme dudar si en realidad no debe existir por ahí algún anexo a los libros bíblicos que yo desconozca. En ellos quizás aparezcan, por ejemplo, el día, la hora y la forma de hacer los cultos; la descripción exacta de cómo hay que vestirse; qué corte de pelo está dentro de la voluntad de Dios y a cuántos centímetros de largo dicho corte deja de estarlo; qué carreras universitarias son aceptadas en el cielo y cuáles no; a partir de qué intensidad de volumen una canción deja de gustarle a Dios, y de aturdirlo directamente pasa a ser pecado; qué instrumentos o estilos musicales le pertenecen al diablo por decreto (y no del diablo precisamente), etc. La lista podría seguir indefinidamente.

Estas y otras miles de cuestiones tienen más que ver con culturas, costumbres, épocas, lugares, formas y, sobre todo, gustos personales. Me parece grave que pongamos estas cosas por encima de las que Dios realmente mira, piensa, juzga y espera. Por favor, no caigamos en esta trampa que le ha dado tan buenos resultados a nuestro enemigo a lo largo de los años. Cuando comenzamos a hacer categorías de mandamientos de acuerdo a nuestro criterio y paladar, dejando de lado lo claramente establecido por la Palabra de Dios, estamos en presencia de síntomas religiosos peligrosos, podríamos decir farisaicos. No transitemos por esos caminos que son habitados por los que quieren acomodar y manipular la voluntad divina a su conveniencia.

Este libro no es para mí, religiosos son los otros...

Otro síntoma nítido de religiosidad es escuchar una prédica, leer un libro o ver una película y pensar siempre que el mensaje es para otros y no para nosotros. Me resulta gracioso cuando termino de dar una charla y alguien enseguida se acerca para «felicitarme», diciéndome que le gustó mucho lo que escuchó y que realmente lamenta que no haya venido su amigo, hermana, novio, padre, vecino, etc. Suelen rematar el comentario con la frase: «Todo lo que hablaste era justo para él o ella». Por supuesto que no todo el mundo es así, pero reconozcamos que más de una vez nos ocurre algo similar. Por ejemplo: leer en la Biblia que no debemos ser orgullosos e inmediatamente pensar en nombres y apellidos que debieran aplicar eso; entender que no tenemos que vivir una doble vida y al instante preguntarnos cuándo dejará Fulanito sus malos hábitos; toparnos con un libro como este que habla del peligro de caer en las garras de la religiosidad, y en seguida concluir que estas páginas debieran ser leídas por tal o cual iglesia y sus pastores, los que de hecho se parecen tanto a los escribas y fariseos, que agradecemos a Dios no ser como ellos.

«Gracias a Dios no soy como los otros...»

Esta nota de «gratitud» me resulta familiar. En los Evangelios vemos esta actitud como otro síntoma del cual escapar. En *Lucas 18:9-14* encontramos un relato cuyo primer versículo dice textualmente lo siguiente: «*A algunos que, confiando en sí mismos, se creían justos y que despreciaban a los demás, Jesús les contó esta parábola...*». Es la del fariseo y el recaudador de impuestos. ¿La recuerdas? En ella el fariseo, en las palabras de Jesús, «*oraba consigo mismo*». En ese intento de oración, además de enumerar lo que hacía bien, él le agradecía a Dios no ser como los demás, es decir, pecador. Y mirando de reojo hacia su costado fue muy específico al expresar su agradecimiento por no ser como el recaudador de impuestos que estaba allí. Todos sabían lo indeseables que eran los recaudadores. Hasta allí todo parece normal para la época, hasta que el Señor patea el tablero diciendo que a Dios le gustó más la oración sincera del corrupto que decía en su plegaria: «*¡Oh Dios, ten compasión de mí que soy pecador!*». El final es sencillamente aleccionador: solo uno de los dos volvió a su casa con el corazón limpio, y no fue precisamente el religioso.

Entre las cosas que el fariseo mencionó de sí mismo en su especie de «autooración» estaban el ayuno y el diezmo, mientras que el otro personaje tenía entre sus prácticas la estafa, la traición, el engaño, los vicios y la mala vida. ¿Es posible que Dios escuche con mucha atención y ternura la oración sincera de gente corrupta, y deje haciendo eco en el aire la «autooración» de algunos de nosotros que vamos todos los domingos a la iglesia y lucimos como todo un ejemplo dentro de ciertos círculos cristianos? Me temo que sí, es posible.

Cuando escuches un buen mensaje en tu iglesia, no gires la cabeza para ver si vino tu amigo; el mensaje es primeramente para ti. Cuando notes una clara lección que salta de las páginas mientras lees tu Biblia, no empieces a pensar cómo se la puedes enseñar a quienes lideras; esa enseñanza te tiene a ti como primer destinatario. Por esa razón, yo soy el primero que no quiero caer en el error de pensar: «¿A quién le vendría bien leer este libro?». Es para mí, es para todos.

2# UNA CITA SOLO PARA DOS
(EL ENCUENTRO DIARIO CON DIOS Y LA RELIGIOSIDAD)

Había sido una noche tortuosa en la que, estando despierto, tuvo los peores sueños que pueda recordar. Aunque le pareció una noche eterna, paradójicamente estuvo deseando que el amanecer no llegara nunca, pero toda su angustia junta no pudo detener el reloj. El día señalado llegó y la hora de su sentencia también. El destino perpetuo de cárcel para él y de esclavitud para su familia parecía irrevocable. Ya no hacía más cálculos, se cansó hasta las lágrimas de hacerlos. El resto de su tiempo en la tierra no alcanzaría para saldar la deuda ni aun depositando todos sus sueldos hasta el día de su muerte. ¿El acreedor?: Se trataba nada menos que del mismo rey, quien no parecía tener el mejor ánimo. Seguramente lo mandaba a llamar harto de tanta promesa incumplida, por lo que no existía esperanza alguna de refinanciación. Si tan solo hubiera habido una forma de evitar esta audiencia, él se hubiera aferrado a esa posibilidad con todas sus fuerzas. Si existía un lugar en el mundo donde él no quería estar, era precisamente en la presencia del rey. Cerraba los ojos y se le aparecía la imagen del que está sentado en el trono con indignación en el rostro. Decididamente quería esquivar ese momento de juicio, dolor, indignidad y humillación...

Crónica de un deudor desesperado
—Mateo 18:23-35

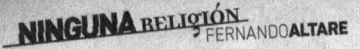

> **«Entra en tu cuarto y cierra la puerta...».**
> **Mateo 6:6**

Es muy común que muchos jóvenes me cuenten que les cuesta hacer de esta interesantísima invitación de Jesús un verdadero hábito. Definitivamente no les es para nada fácil ni entrar en sus cuartos ni mucho menos cerrar la puerta para pasar un rato espiritual. Al hablar con muchos de ellos descubro que esa dificultad tiene su raíz en una razón de fondo. Una cosa es la carga de una obligación y otra es el placer de disfrutar. En el primer caso tengo que hacer algo por imposición, en el segundo, elijo y aprovecho hacerlo porque me gusta.

Si encaramos el hecho de encontrarnos con Dios como una de las tareas incluidas en nuestro reglamento religioso, es muy posible que caigamos en el terreno incómodo de la culpa. La culpa nos hace sentir derrotados y nos paraliza, privándonos así de disfrutar tiempos inigualables con nuestro Señor. Si este es tu caso, sinceramente oro para que la lectura de este capítulo te traiga alivio, refresco y ganas de pasar ratos lindos al lado de alguien a quien le encanta estar contigo.

En mis conversaciones con muchas personas noto que estas son las cuatro trabas más comunes a la hora de instalar el hábito de encontrarse diariamente a solas con Dios:

1. Una imagen equivocada de Dios

Muchos cristianos tienen una imagen falsa y distorsionada de Dios. A veces me pregunto quién fue el que empezó a hacer correr la voz de que él está enojado con todos nosotros, ya que el gran sentimiento de culpabilidad con el que algunos suelen llevar adelante su vida cristiana es altamente preocupante.

El rey está enojado...

La descripción del comienzo del capítulo corresponde a lo que debe haber sentido el protagonista de una parábola brillante que Jesús relató en Mateo 18:23. El objetivo central de la misma es mostrarnos el deber que tenemos de perdonar a los demás. Seguramente recuerdas la manera en la que se desarrolló esta historia y su inesperado final (si no lo recuerdas, revísalo), en el que contra todos los pronósticos el rey le perdonó por completo la deuda a este sujeto. Pero lo increíble ocurrió unos minutos después, cuando esta misma persona no fue capaz de perdonar una deuda abismalmente menor a uno de sus compañeros. La esencia de la parábola apunta a que tratemos a los demás como hemos sido tratados, ya que en los términos de esta historia, ese primer deudor nos representa a cada uno de nosotros.

Pues bien, si Jesús quería que nos identificáramos con este personaje, yo pregunto lo siguiente: ¿Por qué sucede que en ocasiones a la hora de encontrarnos privadamente con nuestro Rey tenemos sensaciones parecidas a las que tenía este deudor antes de ir al palacio? ¿Por qué esquivamos ese momento? ¿Por qué nos cuesta entrar en nuestra habitación y cerrar la puerta? ¿Por qué se nos ocurre pensar que algo nada amigable nos espera dentro? La respuesta en muchos casos es muy sencilla: Tenemos una imagen equivocada de Dios y de su mirada hacia nosotros. La sensación es la de no querer entrar donde alguien enojado nos está esperando para reclamarnos una deuda.

La parábola nos cuenta que nuestra deuda fue borrada y no existe más; sin embargo, nosotros parecemos insistir en vivir como si esto no hubiera sucedido. Tenemos la constante sensación de estar en falta con Dios; sentimos que no alcanzamos el nivel, que no llegamos a la medida por más que nos esforzamos, que nuestra vida deja mucho que desear y que estamos muy por debajo de las expectativas divinas. Si esto es así, obviamente no nos sobrarán ganas de encontrarnos frente a frente con un ser que nos ve de esta manera. Y mientras más días pasan sin entrar a verlo, sentimos que nuestra deuda crece junto con nuestra incomodidad.

Nos cambiaron la cara de Dios...
Si Dios Padre tuviera un rostro similar al que tenemos nosotros, pudiendo tener gestos faciales como los nuestros, ¿qué cara te imaginas que tendría él al mirarte en este momento? Es curioso que la gran mayoría de las personas con las que he intentado este pequeño ejercicio, en diferentes ciudades y países, coincida en visualizar mentalmente un rostro serio, decepcionado, disgustado y enojado. Allí entiendo perfectamente la dificultad. ¿Quién correría a encontrarse con alguien superior al que le debemos tanto y al que además nuestra vida no le cae bien?

Tengo una gran noticia para darte: ¡Dios no está enojado contigo! Su rostro al mirarte no está serio ni desilusionado. Si hay un sentimiento suyo que está por encima de todos los demás, es el amor inmenso e incondicional que siente por ti. Si él se hiciera visible por un instante y tuviera algunos segundos para decirte algo ahora, te puedo asegurar que su frase no sería: «¿Por qué te estás portando mal?», o «¿Por qué no fuiste a la iglesia el domingo?», ni ninguna otra pregunta inquisidora o de examen. Apuesto mi cabeza a que tu Salvador usaría ese instante para hacerte una afirmación. Con la sonrisa más cariñosa que puedas imaginarte y con sus brazos bien abiertos te miraría a los ojos y te diría: «¡Te amo!».

Es posible que estés volviendo a pensar como tantas otras veces: «Esto no es para mí, no se aplica a mi caso particular. Yo he caído demasiado bajo, no estoy cumpliendo ni de cerca con el plan divino y en lo íntimo de mi ser aún hay áreas oscuras que espantarían a más de uno». Pero Dios desbarata todos tus argumentos diciéndote: «Ya lo sé, ¡pero igual te amo!». La imagen que debieras tener presente es la del final de la parábola conocida como la del *Hijo Pródigo*, en *Lucas 15*, donde el hijo, merecedor de todos los castigos, intenta esbozar las disculpas que ha estado ensayando durante todo el camino, pero el Padre ni lo deja hablar y lo abraza más fuerte que nunca. Es su hijo, jamás lo dejó de amar y percibe su corazón arrepentido. Eso es suficiente para desatar un festejo tal que hará que al muchacho nunca más le vuelvan esas dudas que nosotros seguimos abrigando.

Un Dios con ganas de castigar

Basta de pensar en Dios como un dictador cósmico que está agazapado en algún rincón del espacio con una gran vara, esperando que pequemos para aplicar su riguroso juicio en nuestras espaldas. Basta de creer que nuestro Padre celestial anda con las tablas de los diez mandamientos en sus manos con ganas de partirlas en nuestras cabezas por desobedientes. Si te enseñaron, o de alguna manera te hicieron creer algo parecido, queriéndolo o no, te mintieron. ¿Entiendes lo que quiero decir con aquello de que nos cambiaron la cara de Dios? Nuestro Padre celestial no es así.

BASTA DE CREER QUE NUESTRO PADRE CELESTIAL ANDA CON LAS TABLAS DE LOS DIEZ MANDAMIENTOS EN SUS MANOS CON GANAS DE PARTIRLAS EN NUESTRAS CABEZAS POR DESOBEDIENTES.

Y esto no son ideas mías. Te animo a buscar en la Biblia lo que su misma Palabra dice de cómo el Señor nos ve a sus hijos.

En una ocasión, un padre al escucharme predicar sobre estas cosas a un grupo de adolecentes en el cual estaba su hijo, me preguntó si no estaba fomentando la mediocridad y el cristianismo sin compromiso entre los chicos. Él pensaba que si resaltamos mucho el amor y el perdón de Dios, eso podría alentarlos a vivir desordenadamente, sabiendo que con solo pedirlo serían automáticamente indultados por un padre amante y supuestamente permisivo. Mi respuesta fue y sigue siendo la misma: Personalmente me dan muchas más ganas de serle fiel a Dios y de crecer superando mis debilidades, como una respuesta a su amor incondicional. Por el contrario, cuando me hacen sentir presionado y hasta casi amenazado por un ser con el que nunca seré capaz de hacer suficientes méritos para lograr quitar el enojo de su rostro, me cuesta mucho y me frustro. En otras palabras, cuando comprendo y asumo el calibre del amor que Dios me tiene, es cuando menos quiero fallarle y más quiero agradarle.

¡Estás en carrera!

Si el enemigo ha logrado (quizás lamentablemente a través de sermones bien intencionados) colocarte la idea de que tu cristianismo es un fracaso debido a tu imperfección, hoy es el momento de cambiar el enfoque de tu relación con Dios. Él es justo y definitivamente con eso no se puede jugar. Gálatas 6:7 afirma muy claramente que nadie se burla de él, y que todos cosecharemos lo que sembramos. Pero eso no tiene nada que ver con el viejo y efectivo argumento diabólico que nos hace vivir vidas cristianas derrotadas, convenciéndonos de que nuestras calificaciones con Dios están tan bajas que será imposible remontarlas.

¡Anímate! No está todo perdido. La carrera todavía no ha terminado. La motivación y las expectativas son muy diferentes cuando se pelea por los primeros puestos que cuando uno está entre los últimos. A Satanás le encanta hacerte sentir que casi todos están delante de ti, y muchas veces utiliza la religiosidad para que el único incentivo que le quede a tu vida cristiana sea simplemente durar, sin ninguna otra aspiración. ¡Mentira! ¡No le creas! Renueva las fuerzas porque aún estás en condiciones de correr una gran carrera. Tienes grandes posibilidades y quizás no estés tan atrás como piensas. El dueño de las oportunidades hoy te está dando una más al extenderte nuevamente su brazo generoso, y abriendo su mano para tomar la tuya. Aférrate a él y muéstrale a esa multitud de testigos que menciona Hebreos 12:1 lo que eres capaz de hacer en la pista por tu Señor.

2. El mito de la mañana

Como mencionamos en el capítulo anterior, hay cosas que a pesar de no estar escritas en ningún lugar de la Biblia, a veces son tomadas y obedecidas como si se tratara de una doctrina claramente arraigada en el corazón de Dios. En realidad tenemos muchos principios bíblicos para ser aplicados en nuestra vida, pero en la mayoría de los casos no se nos da detalles específicos de cómo llevarlos a la práctica. Ni siquiera el hecho de que veamos a algunos personajes bíblicos haciendo las cosas de determinada manera, implica que la voluntad divina nos esté indicando que esa es la forma obligatoria de hacerlo, y la única. Esto sucede con casi todas nuestras costumbres cristianas, algunas de las cuales tienen un capítulo especial en este libro.

Lo que muchos llaman el «devocional», refiriéndose al momento personal diario que tenemos a solas con Dios, es un espacio absolutamente necesario para cultivar la relación con nuestro Señor, para conocerlo, para hablarle, para escucharlo y entender cada vez mejor sus planes para nosotros. Es un tiempo tranquilo en el que aquietamos la cabeza y el corazón para sintonizarnos con nuestro Creador. Honestamente, no tenemos instrucciones bíblicas acerca de cuánto debe durar ese período de tiempo ni en qué momento del día debe hacerse, a pesar de que muchos no estén de acuerdo con esta afirmación y simplemente transmitan a otros lo que aprendieron.

He notado que una de las trabas con la que muchos se encuentran es el tema del horario, debido al mito convertido casi en mandamiento de que esto debe ser lo primero que hagamos en el día. El problema es que al no poder disponer, por diferentes razones, de un tiempo prudencial temprano en la mañana, algunos creen que en ese sentido el resto de la jornada ya está perdido. Si alguien me preguntara al respecto, yo podría enumerar las ventajas de tener este espacio espiritual al comienzo del día, pero a la vez me veo en la obligación de aclarar que no tenemos ningún fundamento para enseñar que Dios nos manda en su Palabra que el devocional debe ser matutino.

No somos todos iguales

Lo primero que tenemos que recordar es que no todos tenemos la misma agenda; no todos tenemos las mismas obligaciones horarias; no todos tenemos las mismas cosas o personas que dependen de nosotros y no todos funcionamos de la misma manera. Seguramente en este mismo momento diferentes lectores se están identificando más con algún momento del día. Hay personas que al amanecer están en el momento de mayor lucidez intelectual y espiritual. Otros alcanzan ese estado a medida que la jornada va transcurriendo, mientras que otros, no por eso menos espirituales, son más noctámbulos y prefieren estudiar, pensar y meditar por la noche.

Nadie está en condiciones de decretar en qué momento del día estamos más abiertos, dispuestos, atentos y con el mejor corazón para disfrutar un rato con Dios y ofrecerle lo mejor de nosotros. Algunos esgrimen el argumento de que el rey David lo hacía de mañana, apoyados mayormente en pasajes como *Salmos 5:3*. La cuestión aquí no es polemizar en cuanto al horario en el que David se encontraba diariamente con Dios, ya que no tenemos suficientes elementos para asegurar que todas las mañanas destinaba un tiempo especial para el Señor, como tampoco para afirmar que no lo hacía. Ese no es el punto; lo importante es comprender que yo no soy el rey David, ni tampoco soy mi pastor, ni mi amigo ni mi vecino. Y dado que las Escrituras no me dicen lo contrario, debo encontrar el momento del día más propicio para mi realidad; una realidad que está condicionada por mi trabajo, mi familia, mis obligaciones, los espacios físicos de mi casa, los horarios de quienes viven conmigo y la manera en la que funciono internamente.

Estandarizar la devoción de los demás con horarios impuestos y establecidos es una exageración religiosa que lo único que logra es que haya cristianos frustrados, que comparten con Dios algo mediocre, o que al no poder cumplir con el horario impuesto se pierden el disfrutar un gran momento junto a él. Que este no sea nuestro caso. Si lo hacemos de mañana está muy bien. Y si nos funciona mejor a otra hora, hagámoslo en otro momento sin pensar por ello que será un tiempo de calidad inferior. La muy buena noticia es que nuestro Señor está bien despierto, listo, atento y deseoso de juntarse con nosotros durante las 24 horas de cada jornada. La cita la fijamos nosotros.

3. Cumplir en lugar de disfrutar

Si el concepto que acabo de expresar todavía te sigue haciendo un eco negativo, quizás sea porque tienes la idea de que ese espacio sería lo único que uno le dedique al Señor en el día (además de un par de oraciones aisladas en caso de urgencia). Si esto fuera así, eso implicaría que uno arrancara todas las mañanas sin el más mínimo contacto con Dios. Esto le puede suceder a aquellos que lo único que buscan es cumplir con Dios en algún momento del día.

> **TE ASEGURO QUE A DIFERENCIA DE MUCHOS MEDICAMENTOS, UNA PEQUEÑA PÍLDORA DE ESPIRITUALIDAD CADA 24 HORAS NO TE AYUDARÁ A MANTENER UN CRISTIANISMO SALUDABLE.**

No me imagino, por ejemplo, levantándome una mañana en mi casa ignorando por completo a mi esposa sin siquiera dirigirle la palabra ni la mirada, por la sencilla razón de que en algún momento de la tarde podremos sentarnos a charlar. Una cosa no quita para nada la otra. Yo vivo con ella, es parte de mi vida, dormimos en la misma cama y nos despertamos juntos. Y si la agenda no permite que compartamos el desayuno, igualmente repasaremos cómo será nuestra jornada. Nos diremos que nos amamos, nos desearemos lo mejor y ya tendremos oportunidad de sentarnos con más tiempo durante el día. En nuestro caso, solemos comunicarnos al menos un par de veces durante la mañana para acordar, resolver o contarnos cosas. (*Usando este mismo ejemplo para reforzar el punto anterior, basta con aclarar que nadie mejor que nosotros dos para decidir cuáles serán los mejores momentos en el día y en la semana para cultivar y ahondar nuestro vínculo. ¿Quién podría imponernos eso?*).

Algo similar me sucede con mis hijos. Es que, afortunadamente, la relación que tengo con mi familia es algo que disfruto y es parte natural de la vida que Dios me regala. Yo no hablo con ellos por compromiso o para cumplir, estamos juntos, nos amamos y vivimos unidos. La relación con Dios no es muy diferente en términos de comunicación. Necesitamos estar natural y permanentemente conectados con Dios durante todo el día, y además de ello separar un tiempo especial para profundizar esa relación. Encontrarse con Dios definitivamente es algo para disfrutar y no solamente para cumplir.

Cuando hablamos en general de disfrutar en vez de cumplir, estamos desafiando las leyes mudas de la religiosidad fría y vacía que solo se limita a obedecer los ítems de una lista. Además de la imagen equivocada que muchos tienen de Dios y de horarios mal elegidos, no me caben dudas de que encarar el encuentro diario con nuestro Señor simplemente como uno de los deberes cristianos a cumplir, atenta contra la hermosa vivencia de disfrutar de ese hecho espiritual.

Debieras preguntarte: ¿Por qué lo hago realmente? Muchos creen que cumplen con Dios simplemente por darle un rato de su día. Conozco a más de uno que no deja de hacer su devocional ni una sola mañana de su existencia, pero es una lástima verlos vivir, ya que todo parecería indicar que no hay rastros de nuevos contactos con Dios durante el día, debido a sus actitudes y conductas. Otros no son capaces de decirte qué es lo que han leído en la Biblia últimamente. Solo lo hacen, cumplen y punto, creyendo que así están sumando alguna buena calificación con Dios por ello.

Te aseguro que a diferencia de muchos medicamentos, una pequeña píldora de espiritualidad cada 24 horas no te ayudará a mantener un cristianismo saludable. Alguien tiene que decirte que no serás un mejor hijo de Dios simplemente por pasar un rato mirando algunas hojas de la Biblia o cerrando los ojos para decir un par de frases hechas antes de ir a estudiar o trabajar. La idea de encontrarse con Dios es mucho más fascinante, va más allá de un rito doméstico y afecta radicalmente tu manera de manejarte en la vida.

4. El gigante de la rutina

Cuando me casé con Virginia, escribí unos versos con formas de canción que alguien interpretó durante la ceremonia de nuestra boda. Una de las frases de esa canción decía: «La rutina es un gigante que no matará nuestro romance...». Todos los que están casados saben que este es uno de los desafíos más importantes del matrimonio. Al momento de escribir este libro ya pasaron 10 años desde que sonó aquella canción y, gracias a Dios, diariamente seguimos haciendo nuestros mejores esfuerzos para ganar esta batalla, porque somos conscientes de que luchamos contra un enemigo silencioso pero poderoso a la vez.

La palabra rutina tiene una connotación positiva cuando nos referimos a la disciplina de llevar adelante ciertas responsabilidades con seriedad y excelencia. Pero no hay nada más desmotivador que hacer siempre lo mismo de forma idéntica, logrando aburrirnos de algo que en su momento nos despertaba emoción, expectativa y placer. Pasa con una tarea, con una actividad laboral, con un entretenimiento, con una amistad, con la pareja y por supuesto también con nuestra relación con Dios.

¿La sola idea de encontrarnos con Dios nos aburre? Es momento de darle un giro a eso que hacemos cuando nos detenemos a estar con él. La rutina puede ser tan pesada que llegará el momento en que se haga insostenible. Podemos cambiar de lugar o de posición de tanto en tanto. Descubramos qué pequeños detalles le dan un condimento especial a nuestra cita. Somos tan distintos unos de otros y a su vez pasamos por etapas tan diferentes en nuestra propia vida, que por momentos algunos elementos pueden estar totalmente de más, y en otros pueden ser de una ayuda motivadora. En ocasiones querremos tener algo para anotar, algo para beber mientras tanto, una música que nos eleve, algún apoyo literario o lo que fuera; mientras que en otros casos solo desearemos no tener ningún elemento en las manos. Quizás a veces nos conectemos con el cielo de una manera muy poderosa caminando, trotando o manejando. Cualquiera sea nuestra decisión, el ser disciplinados y sistemáticos nos favorecerá. Si intentamos inventar algo diferente cada día es posible que nos mareemos y se nos haga difícil instalar esta actividad como un verdadero hábito. No obstante, no caigamos en las redes de lo monótono y predecible porque el precio que pagaremos será muy caro.

Dos requisitos indispensables puestos por Jesús

La idea que se desprende de la frase de Jesús acerca de *«entrar en nuestro cuarto y cerrar la puerta»*, no necesariamente debe tomarse literalmente. Esta más bien nos acerca a la idea de un encuentro a solas con el Padre. Seguramente, más de uno que está leyendo esto ni siquiera tiene un cuarto que le pertenece con exclusividad. Otros si bien no duermen con nadie más en la habitación, ese es un lugar que por diferentes razones no está disponible durante el día. Es más, tienes que saber que algunos no pueden cerrar la puerta porque la misma no existe materialmente.

Por eso, aquí lo importante no es ni el cuarto ni la puerta, pero sí lo son los verbos «entrar» y «cerrar», lo que sería algo similar a hablar de **intimidad** y **soledad**. Entre muchos consejos que podrían darse para el manejo de un momento tan determinante como este en nuestra relación con Dios, estos son sin duda dos requisitos indispensables que el mismo Maestro nos recomienda respetar.

Intimidad (Una mesa para dos...)

Apocalipsis 3:20 nos pinta una imagen de esas que son para enmarcar. Dios dice que si alguien responde al llamado de la puerta abriéndola, él entrará y cenarán juntos. Ese cuadro me muestra una pequeña mesa imaginaria para dos, donde ambos se sientan uno enfrente del otro. El ambiente parece ser el ideal; tanto la intensidad de la luz como el volumen de la música ayudan a que el momento sea cálido, cómodo, disfrutable e íntimo. Cara a cara de tal forma que los gestos son inocultables; los dos hablan y los dos escuchan; lo hacen con respeto y atención. Hay una gran expectativa por conocer más al otro, por saber cómo se siente, por descubrir qué es lo que tiene adentro. Las sonrisas son sinceras, como todo lo que se dice en la velada. Ninguno de los dos está allí por compromiso. Ninguno sigue sentado por la obligación de cumplir con alguien o algo. Nadie mira el reloj, simplemente cenan juntos, charlan, comparten, se abren, se dejan conocer y se sienten indiscutiblemente acompañados, valorados y comprendidos.

> **SI LO NUESTRO CON DIOS NO TIENE CARACTERÍSTICAS DE INTIMIDAD, PRESTEMOS ATENCIÓN PORQUE ES POSIBLE QUE SOLO ESTEMOS CUMPLIENDO CON UNA OBLIGACIÓN RELIGIOSA.**

¿Será pedir demasiado que nuestros devocionales tengan ese sabor? Más allá de todos los ingredientes descritos, el anterior es un cuadro en el que se respira cercanía, complicidad y comunión, es decir, intimidad. Si lo nuestro con Dios no tiene características de intimidad, prestemos atención porque es posible que solo estemos cumpliendo con una obligación religiosa.

Soledad

No importa que sea en un auto mientras manejamos, en un parque mientras caminamos, o en un lugar donde sirven café; lo fundamental es que logremos que ese momento nos conecte en forma individual con Dios sin que las personas y las cosas que están alrededor actúen como factor de distracción. Es algo entre nosotros y él. No hay nada de malo en compartir ratos espirituales profundos con un grupo pequeño, o con un buen amigo. Es sabida la bendición y la necesidad de mantener encuentros espirituales en familia y en pareja, no solamente para quienes ya están casados, ya que este es uno de los hábitos más aconsejables que podemos cultivar durante el noviazgo. Pero hay algo que es absolutamente irremplazable y es lo que tú y yo podemos y debemos experimentar a solas con Dios.

Muchas cosas cambian y seguirán cambiando, pero el deseo y la invitación del Padre siguen intactos: él no está enojado contigo y te espera en el horario que tú señales para entrar a disfrutar un tiempo agradable los dos. Cierra tras de ti esa puerta que te separa de todo lo demás y aprovecha el privilegio de tener intimidad con el mismísimo dueño de todas las cosas. Y si por esas cosas tan humanas que nos suelen ocurrir a todos, llegaran a pasar un día o varios en los que no logres concretar la cita, debes saber que él no te estará esperando con reproches, sino todo lo contrario: estará ansioso y con expectativas de volver a escuchar tu voz, porque te ama.

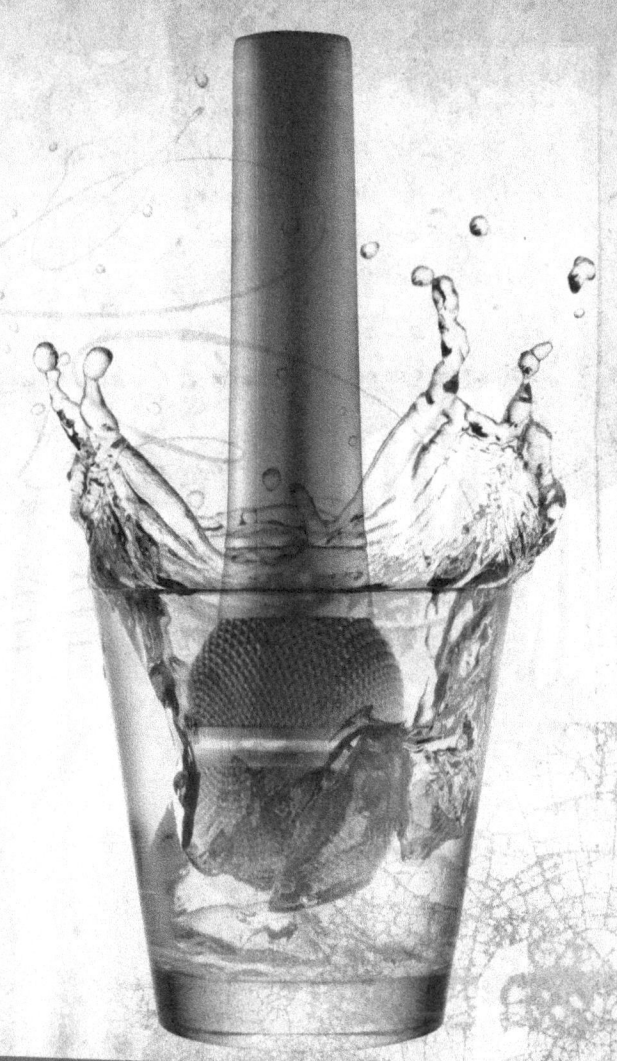

3# APAGANDO EL MICRÓFONO, Y ENCENDIENDO EL CORAZÓN
(LA ORACIÓN Y LA RELIGIOSIDAD)

Esta era justamente la fecha menos esperada de todo el año para ella. No era fácil cargar a diario con el peor de los castigos sociales que le podían tocar a una mujer. Observar esas miradas, escuchar esos comentarios, percibir ese desprecio y recibir en su propia casa la burla directa de quien poseía lo que ella deseaba; era demasiado para soportar. Pero toda su insatisfacción se exacerbaba cuando anualmente había que viajar al templo a adorar. Esta vez sintió que llegó al límite. Con ojos enrojecidos de llanto y un estómago vacío por tanta angustia, tomó su humillación y su indignidad y las acarreó hasta el santuario. La tristeza le dobló las rodillas y allí, sin formalismos, se quejó y se quebró. Entre tanta lágrima y sollozo casi la expulsan del lugar por borracha. Ya sin voz y sin fuerzas presentó su reclamo ante tanto olvido. Rogó, suplicó y prometió. Después, y solo después de tamaño desahogo, se sintió diferente. El espejo le devolvió otra imagen y el apetito mágicamente regresó. Se sintió escuchada por el cielo. La respuesta aún no había llegado, pero como anticipo, la que vino para quedarse fue la paz.

Plegaria de una mujer estéril
—1 Samuel 1:1-18

> «Y al orar, no hablen solo por hablar...».
> Mateo 6:7

Hoy en día tenemos más material al alcance de la mano sobre la oración que en ningún otro momento de la historia. La Biblia misma habla mucho acerca de ella y, como habrás oído tantas veces, es tan vital para la vida espiritual como la respiración lo es para el ser humano. Mi intención no es enseñarte a orar ni darte una clase sobre el tema. En el marco de un libro como este, solo quiero ayudar a que nos enfoquemos en la necesidad que tenemos de ser sinceros, directos y auténticos a la hora de hablarle a Dios.

¿Hablar con quién?

Orar es básicamente hablar con Dios. Lo aprendí cuando era muy pequeño y es una de las primeras cosas que le explicamos a una persona que da sus primeros pasos en la fe. Sin embargo, Cristo nos explicó en un ejemplo negativo, que ya analizamos en el capítulo 1, que uno puede llegar a orar consigo mismo *(Lucas 18);* es decir, que no todo el que está orando, o cree que lo está haciendo, necesariamente está hablando con Dios. Puedo tener toda la actitud externa que yo creo apropiada, puedo mencionar la palabra «Señor» cada 15 segundos, puedo tener mis ojos cerrados, mis manos juntas o levantadas y hasta mis rodillas dobladas; nada de eso me garantiza que no le esté hablando al aire, a la pared, al techo, o como dijo Jesús, a mí mismo.

Oraciones públicas

Posiblemente alguna vez te hayas preguntado, como yo, al escuchar ciertas oraciones que son hechas en público, a quién exactamente están dirigidas. Es que algunos elaboran mini discursos que contienen información semejante a la que uno encuentra en compendios de teología, cuya profundidad y grado de complejidad no tienen absolutamente nada que ver con el momento. Algunos citan tantas porciones y personajes bíblicos mientras oran que logran que nos preguntemos: ¿A quién le estarán queriendo demostrar lo que saben o lo que prepararon para esta oración? ¿A Dios? Él sabe todas las cosas, incluso conoce lo que ellos saben. ¿Acaso le querrán informar o recordar al Señor esos versículos que él mismo dictó?

Debemos reconocer, no como un juicio sino como una autocrítica, que muchas de nuestras oraciones no son elevadas al cielo sino al auditorio. Siempre hubo cristianos que aunque saben que no pueden impresionar a Dios, tratan de impactar a los demás. No es nada nuevo. Ya lo hacían los fariseos cuando se paraban a orar en las sinagogas o en las esquinas de las plazas, y hoy sigue ocurriendo en muchos templos. Tampoco han cambiado las sensaciones y las reacciones que esto causa alrededor, que no son de admiración precisamente.

No caigamos en el error de desvirtuar la oración haciendo que no haya verdadera comunicación. En la oración nosotros hablamos y Dios escucha. Es cierto que puede ocurrir que haya protagonistas extras cuando tengamos que hacerlo delante de otros, y es lógico que esa exposición nos provoque cierta inquietud o nerviosismo escénico. Pero nunca saquemos del foco de nuestra mente a aquel a quien nos estamos dirigiendo. Nunca oremos al aire, a nosotros mismos o a los demás. Dirijámonos al único que siempre tendrá un oído atento a lo que tenemos para decir, y una mano poderosa para hacer algo acerca de lo que le estamos diciendo.

¿Orar o rezar?

Rezar es utilizar una oración de otra persona, es decir, lo que otro le dijo a Dios en un momento determinado (su significado está relacionado con el recitar). No hay nada malo en sentirnos identificados con el sentimiento, la vivencia, el clamor o la devoción de otra persona. No es ningún pecado repetirle a Dios lo que otro escribió desde su corazón, ya que uno puede sentir que esas palabras expresan justo lo que tenemos adentro. Es lo que solemos hacer cada vez que adoramos a Dios cantando. A menos que seas un cantautor superinspirado, cuando entonas una canción al Señor casi siempre estás usando palabras que otro escribió. Es lo que el pueblo de Israel hacía con los Salmos. Para eso estaban, para repetirse; y para eso siguen estando las canciones que cantamos.

El problema surge cuando yo no tengo palabras propias para dirigirme a Dios. La fluidez de mi relación con él se resiente cuando vivo usando expresiones que no son mías. Si vivo repitiendo lo que escucho en las oraciones que se hacen en la iglesia, o intento dirigirme al Señor de la misma manera en la que lo hacen mis amigos cristianos, o no puedo abrir la boca sin citar un versículo bíblico o una frase de una canción; entro en un terreno en el que la falta de autenticidad terminará afectando esa velada íntima para dos de la que hablamos en el capítulo anterior.

Frases de micrófono

A menudo algunas oraciones que se escuchan desde los púlpitos en las iglesias suelen ser tan parecidas que me preocupa. No pretendo decir que cada oración debe ser una pieza íntegramente original que no tenga ningún rastro de lo que algún otro ser humano haya pronunciado antes en la historia. Eso sería ridículo. Lo que sí le haría muy bien a nuestra relación con Dios es que cada vez que oremos nos expresemos con libertad, sencillez, frescura y honestidad; tanto cuando estamos a solas con él como cuando estamos congregados.

Si bien todo lo que sea expresado con sinceridad va a ser muy bien recibido arriba por nuestro Padre, incluso las frases copiadas, quiero animarte a que seas tan natural con él como lo eres con otras relaciones cercanas y queridas.

Si eres casado, apuesto a que una de las personas que más te conoce en este mundo es tu cónyuge. Con una sola mirada él o ella podría decir si estás cómodo, feliz, preocupado o molesto por algo. Con solo unos segundos sabe si estás entusiasmado con lo que estás diciendo o si no ves la hora de terminar una conversación. Detalles casi imperceptibles para el resto, pero no para alguien que domina hasta el movimiento de tus cejas. (No intentes mentirle, porque además de pecar, es posible que tu nariz y tu boca hagan un complot para esbozar un gesto que te delate contra tu voluntad). ¿Qué sucedería si un día al llegar a tu casa comienzas a hablar raro, con palabras y gestos que normalmente no usas? Esa falta de naturalidad haría que te interrumpieran al instante y te preguntaran: ¿Te sientes bien? ¿Te pasa algo? ¿Qué sucede?

Tal como somos

No debería haber razones para que no nos expresemos con Dios tal como somos y tal como estamos. Él es alguien con quien tenemos intimidad y, además, de por sí nos conoce como nadie. ¿Por qué no abrir el corazón y simplemente usar esas palabras con las que nos manejamos diariamente para relacionarnos con los demás? Con respeto, amor y devoción, pero sin esas frases tan de libro o de micrófono que directamente no suenan nuestras, porque no lo son. Por algo no las volvemos a utilizar en la vida diaria después de decir «amén».

LO QUE SÍ LE HARÍA MUY BIEN A NUESTRA RELACIÓN CON DIOS ES QUE CADA VEZ QUE OREMOS NOS EXPRESEMOS CON LIBERTAD, SENCILLEZ, FRESCURA Y HONESTIDAD.

A veces Francisco, mi hijo de 5 años, cambia su tonada argentina y hasta con otro timbre de voz usa expresiones que escucha en películas o dibujos animados. Al mirarlo me tranquilizo porque comprendo que es obvio que está jugando por un momento a ser otro personaje. Me preocuparía si me hablara así a mí una vez que termine de jugar. No sería él mismo y me costaría mucho tomar en serio algo de lo que me diga. Me pregunto qué pensará Dios cuando algunos hijos suyos al orar cambian su tono de voz, y hasta la entonación normal de su país o ciudad, para sonar parecido a ese pastor o músico extranjero que los inspira. ¿Es más espiritual parecer de otra nacionalidad? ¿Dios me presta más atención si imposto la voz para parecerme al que grabó mi CD preferido de alabanza? Dios es mi Padre y como tal espera que yo, su hijo, sea genuino y le hable desde el corazón, no desde la imitación y mucho menos desde la actuación.

Hablar de lo que realmente importa

Cuando uno habla desde el corazón toca los temas más importantes. Los que más entusiasman, preocupan, asustan o alegran a ese corazón. Sé que la pregunta que voy a hacerte puede sonar un poco amplia, pero tienes que detenerte a pensar en ella: ¿De qué le hablas a Dios en tus oraciones?

Me pasa a menudo cuando estoy sentado en una mesa de café frente a alguien que me pidió una cita porque necesitaba hablar conmigo. Suelo asistir a estos encuentros asumiendo que esta persona tiene algo para contarme y tal vez pedirme ayuda en algún aspecto. A algunos no les resulta nada sencillo abrirse y expresar una situación que los incomoda, por lo que suelo ayudarlos con preguntas amigables que les faciliten el camino para tocar el tema por el que me han convocado. ¿Me creerías si te cuento que más de una vez ese tema nunca llegó a salir? Yo no quise forzar las cosas y la charla no pasó de un nivel superficial. Porque si alguien no quiere, no sabe cómo o no se anima a hablar de lo que realmente hay que hablar con el otro, los dos simplemente van a hablar por hablar.

Eso es exactamente lo que Jesús nos pidió que no hiciéramos, ¿recuerdas?: «...*al orar, no hablen por hablar...*». No pasemos nuestros momentos con Dios hablándole de un montón de cosas pero siempre evitando lo importante. Eso que es lo que más nos pesa, aquello con lo que más luchamos allá bien en lo profundo de nuestro ser, esa cuestión que más que inquietarnos directamente nos aterra.

Si solamente nos limitamos a darle gracias por la comida y la ropa, a decirle un par de frases de CD de adoración, a mencionarle a los miembros de nuestra familia, a pedirle que nos bendiga en general, y hasta incluso a pedirle por una larga lista de temas que tienen que ver con otros, me imagino a Dios del otro lado de la mesa valorando nuestra capacidad de intercesión, pero a la vez preguntándose: «¿Cuándo me va a hablar de lo que realmente tiene adentro?».

Como en tantos otros ámbitos de la vida, en la oración lo que cuenta no es la cantidad de palabras que se dicen, sino la calidad de las mismas. Si son sinceras y se refieren a los temas más sensibles, podemos decir que hay una relación cercana e íntima. Si solo recito expresiones que me parecen espirituales, pero lo más significativo de lo bueno y lo malo que hay en mi interior no sale a la luz, probablemente solo esté teniendo un hábito religioso. Yo quiero mucho más que eso y sé que tú también. Un buen comienzo sería que dejemos de dar vueltas con repeticiones y muletillas que solo logran distraer la atención de ambos, y dejarle saber a nuestro Señor cómo nos sentimos en realidad y qué cosas de las que nos están pasando se encuentran en la cima de la lista de nuestros intereses.

¿Está bien orar cuando estamos enojados?

Está bien orar siempre. La Biblia nos pide que hagamos eso. Quizás te resulte extraño que nos pongamos a analizar la relación entre la oración y el enojo. Muchos religiosos aunque se enojan, se esfuerzan por vender una imagen perfecta en la que el enojo y otros estados comunes para los humanos parecen no tener lugar en ellos. Yo personalmente me enojo y me parece tonto no hablar de ello. Es más, Jesús también se enojó y *Efesios 4:26* nos demuestra que enojarse en sí no es pecado. La instrucción es clara: «*Si se enojan, no pequen*». Esto es algo que nuestro Salvador manejó a la perfección, pero que a nosotros nos cuesta mucho. Un buen consejo para no pecar cuando alguna situación ha logrado despertar nuestro disgusto y desencanto es precisamente «entrar a nuestro cuarto, cerrar la puerta» y hablar con Dios.

Muchas veces me puse a orar estando realmente enojado. Con sinceridad fueron pocas las veces que pude tener la calma y la fortaleza necesarias como para empezar a alabar en verdad a Dios más allá de mis circunstancias. Cuando hacemos esto, mientras lo adoramos parece como que nuestro corazón comienza a calibrarse solo, nos enfocamos en la persona de Dios y su grandeza, y eso hace que luego al expresarle nuestra situación todo tenga otra perspectiva, otra mirada, otra sensación, y surja una mejor postura ante los problemas.

Pero la verdad es que en muchos casos, cuando estoy enojado entro a la presencia de Dios y casi sin introducciones, con total naturalidad y confianza, dejo salir las palabras que describen cómo me siento y el porqué de ese estado. Mientras me descargo delante de mi Padre y mejor amigo, comienzo a sentir que él me escucha, me comprende, no me condena y quiere enseñarme cosas con esa situación que a mí me está exasperando. Allí también de repente aparecen la paz, la serenidad, la fe y la convicción de que él una vez más meterá su mano para ayudarme.

El enojo con Dios

Ahora, ¿qué pasa cuando el enojo es directamente con Dios? No mires para otro lado. ¿Nunca te has enojado con él? No lo veas como una blasfemia terrible. No hace falta ser un pagano o un hereje para enojarse con Dios; yo lo hice, y todo aquel que sea sincero creo que reconocerá lo mismo. No estoy hablando necesariamente de insultarlo, de dejar de creer, ni siquiera de alejarse de él ni de la iglesia; me refiero a sentir con todo nuestro ser que lo que Dios está haciendo en un momento determinado nos desagrada.

Para los que somos cristianos es normal lidiar con la realidad de que los caminos, los pensamientos y los planes divinos son muy diferentes a los nuestros. La parte que nos toca a nosotros es aceptar con sumisión el cumplimiento de su voluntad, sabiendo que todo lo que él hace y permite será para nuestro bien. Eso es honrar su señorío en nuestras vidas. Pero seamos sinceros; según lo sensible del tema, el contexto y el momento, esto no suele resultar nada sencillo.

> **PARA LOS QUE SOMOS CRISTIANOS ES NORMAL LIDIAR CON LA REALIDAD DE QUE LOS CAMINOS, LOS PENSAMIENTOS Y LOS PLANES DIVINOS SON MUY DIFERENTES A LOS NUESTROS.**

Yo puedo recordar al menos dos instantes en mi vida en los que estuve absolutamente en contra de lo que estaba sucediendo, y con una clara convicción espiritual de que Dios se estaba encargando especialmente de que las cosas se dieran así. El saber con mi mente que detrás de aquello seguramente había propósitos superiores no lograba mitigar para nada la gran incomodidad que esa circunstancia me causaba; al contrario, sentía que cada partícula de mi ser se rebelaba contra esta decisión de lo alto.

¿Qué hice? Con esa bronca inocultable le expresé a Dios que no me gustaba para nada lo que él estaba haciendo conmigo, que aunque ya sabía que él tenía razón y que me lo demostraría algún día, la situación hubiera sido totalmente evitable si tan solo él hubiera respondido a mis oraciones de la forma que yo esperaba. Al cabo de unas horas mi cabeza y mi corazón lograron aceptar su voluntad y, obviamente, algunos años más adelante la realidad me mostró que en efecto su plan había sido perfecto.

De hecho, nuestras palabras no hacen más que expresar lo que pasa en nuestro interior. Dios ya lo ve y lo sabe; ¿por qué no decírselo? Más de una oración en la Biblia fue hecha en esos términos. Salmistas y profetas que en otras palabras le reclamaron a Dios «hasta cuándo se iba a olvidar de ellos o hasta qué punto iba a permitir ciertas injusticias». Y qué decir de una oración elevada al Padre por su mismísimo Hijo directamente desde la cruz, preguntado: «¿Por qué me has abandonado?».

No quiero confundirte: no está bien enojarse con Dios; él no nos debe nada y todo lo que recibimos de su parte es inmerecido. Pero cuando en nuestra humanidad experimentemos alguna situación que nos haga doler el corazón y nos lleve a enojarnos, no dejemos de derramar nuestra alma delante del único que lo entiende, tal como lo hizo Ana la estéril. Dios valora la sinceridad de sus hijos, y pensar en una relación genuina con él incluirá algo más que alabanzas y adoración. Si somos sinceros y no somos extraterrestres, llegará la hora de algún reclamo, de alguna queja o de algún llanto de incomprensión. Igual, no dejemos nunca de orar. Contémosle siempre lo que tenemos adentro y no sigamos la pauta religiosa que nos indica que solo deben salir de nuestra boca expresiones de devoción, porque eso hará que en vez de orar siempre, solo esperemos los momentos en los que realmente nos sentimos muy espirituales.

¿Es verdad que la duda es un pecado?

¿Puedo usar la oración para hablarle a Dios de mis grandes dudas? ¿Y si mis dudas a veces lo incluyen a él mismo, a su Palabra o a la iglesia? Hay personas que afirman y enseñan que dudar es pecado, y hoy se puede comprobar el daño que han causado en la mente de muchos: líderes con un marcado perfil de religiosidad, que exigen que todo se acepte sin cuestionamiento alguno, con la excusa de que la duda es enemiga de la fe, y por ende contraria a Dios.

En algunos ámbitos solo se aceptan preguntas de respuesta obvia o fácil, algo así como un pequeño listado de «preguntas más frecuentes» al mejor estilo sitio web. Por supuesto que también está el listado de respuestas pre-fijadas y se espera que allí termine todo. Si alguien osa preguntar quién redactó esas respuestas, o quiere abrir el más mínimo debate sobre las mismas o sobre otras cuestiones, será censurado, lo harán callar y lo animarán a buscar más a Dios para dejar de ser un rebelde cuestionador. Sé de casos en los que se les invita «gentilmente» a ir a otra iglesia y llevarse allá sus planteos desestabilizadores.

La duda es negativa si la adopto como un estilo de vida, sumergiéndome en un constante mar de inseguridad que no me permita dar un solo paso seguro. Pero la duda es muy positiva cuando me detengo a reflexionar sin miedo, a hacerme preguntas intentando llegar al verdadero fondo de las cosas y encontrando lo que hay allí. Necesito descubrir por qué creo lo que creo, por qué elijo lo que elijo, por qué no hago lo que no hago y sinceramente sobre qué base se apoyan mis más profundas convicciones.

Sin temor a las dudas

No le tengamos miedo a ese proceso y no permitamos que nadie nos prive de transitar ese camino. Es normal, humano y por lo tanto esperable que atravesemos momentos en los que nuestras dudas adquieran un tamaño que nos sorprenda. Entremos a nuestro cuarto, cerremos la puerta y hablemos con el Señor acerca de ellas. Ningún lugar mejor y más seguro para dudar que en el marco de la conversación con Dios. En esos momentos escuchémoslo a él entregando a sus pies todos nuestros conceptos aprendidos, nuestros paradigmas, las frases que se nos marcaron a fuego, y aunque suene «golpista», incluso lo que actualmente seguimos escuchando desde el púlpito en nuestra iglesia. A nuestros pastores no tendría por qué molestarles que continuemos charlando con Dios junto a su Palabra, profundizando en sus sermones del último domingo.

¿Eres líder? Sé sabio y facilita el espacio adecuado en tu grupo para las preguntas y los planteos. Nada más efectivo que las conclusiones sacadas por uno mismo al cabo de un proceso sano de búsqueda, para generar principios y convicciones duraderas. ¿Quieres frustrar a tus jóvenes y provocarlos a la rebeldía? ¿Quieres mostrarles una imagen equivocada de Dios con el peligro de que se alejen de él? Simplemente tápales la boca, diles que cuestionar y dudar es pecado, y exígeles que agachen la cabeza y no pregunten por qué. Diles que «sí porque sí», y «no simplemente porque no». Y si además quieres agredir su inteligencia, utiliza el infalible recurso de responderles «porque siempre se ha hecho así...».

La oración ideal

En una época en la que muchas oraciones eran hechas para aparentar y discriminar, Jesús se ocupó de aconsejarnos cómo orar por medio de una plegaria que nos sirve de guía. Esta es universalmente conocida como «El Padre Nuestro», porque la misma empieza precisamente con esa expresión. Como ya dejamos claro, lo mejor es que nos dirijamos a Dios con la sencillez de nuestras palabras sinceras. No hace falta que usemos las mismas palabras del Padre Nuestro, pero por algo el Señor quiso dejarnos ese modelo. Trata de hacer tu propio estudio y descubre por ti mismo los diferentes ingredientes que puede tener un tiempo de oración de acuerdo a ese modelo. Entre otras cosas, allí hay sujeción, noción de cuerpo, humillación, búsqueda de su voluntad, petición por necesidades, confesión, petición de protección, alabanza y adoración.

Aunque muchos todavía no lo entiendan, evidentemente orar no se trata solamente de pedir. *1 Tesalonicenses 5:18* dice: «Den gracias a Dios en toda situación». A todo lo ya dicho debemos agregarle una buena dosis de gratitud para rociar todas nuestras conversaciones con Dios. Si somos agradecidos, además de hacer justicia, estaremos creando anticuerpos contra la infelicidad y el descontento.

Espero que después de haber transitado este capítulo te estén dando muchas ganas de ponerte a hablar con Dios de cosas bien concretas. Ya verás los tesoros que hay por descubrir. A medida que aproveches este recurso y lo conviertas en hábito, se te correrá una cortina y empezarás a conocer y a entender cosas de tu Padre que él mismo se encargará de mostrarte, ya que en este tiempo compartido no solo se trata de hablar, sino también de escuchar. ¿Cómo se escucha a Dios al orar? No hay métodos para esto; solo te estimulo a que con la práctica aprendas a hacerlo en el marco de tu relación con él; una relación que es única, diferente a la del resto y a medida de ustedes dos.

4# ¿LÁMPARA O CAMA SOLAR?
(LA BIBLIA Y LA RELIGIOSIDAD)

Nadie sabía más que ellos. Toda una vida dedicada al estudio no había sido en vano. Ellos se habían sentado a escuchar a los mejores eruditos, habían tenido en sus manos los mejores escritos y por décadas habían sido parte de un espacio cultural, académico y religioso al que solo una élite muy exclusiva podía acceder. Con todo derecho la sociedad los miraba como aquellos que eran los únicos autorizados y capacitados para enseñarle al pueblo lo que debía saber acerca de Dios y de ellos mismos. Si de profecías se trataba, ellos estaban en condiciones de desplegar todo el bagaje de conocimientos que poseían acerca del texto sagrado, y mucho más si el tema estaba relacionado con la más esperada de todas las profecías de entonces: la llegada del Mesías. Sin embargo, la historia dejó plasmado un hecho insólito: quienes podían recitar de memoria cada una de las profecías analizándolas de manera minuciosa, por alguna extraña razón no fueron capaces de darse cuenta de su cumplimiento, el cual tuvieron frente a sus narices. El Mesías vino exactamente en la forma anunciada, pero lo resistieron y lo combatieron en honor a esas Escrituras que ellos tanto conocían y defendían a muerte. Tan a muerte que lo juzgaron y crucificaron por la locura de atreverse a decir que él era aquel a quien ellos esperaban.

Retrato de los religiosos del primer siglo

> «Si permanecen en mí y mis palabras permanecen en ustedes, pidan lo que quieran, y se les concederá». Juan 15:7

El leer, estudiar y aplicar la Biblia es uno de los principales fundamentos de la práctica de nuestra fe. No hay ámbito cristiano donde se discuta o ponga en duda esto. Pero la realidad actual nos marca que asistimos a una época en la que, lamentablemente, muchos se han ido corriendo hacia extremos con respecto a este tema, lo que distorsiona el crecimiento de los creyentes.

La voz de algunos ungidos

Por un lado duele notar que en muchas iglesias la Biblia ha quedado simplemente como un manual de referencia. Sigue siendo el libro sagrado, pero pareciera ser que Dios lo usó más bien para hablar en el pasado, dejándonos unos cuantos mandamientos e historias con grandes lecciones. Hoy en esos lugares parece importar más la voz del pastor, mucho más si se trata de un líder que dice tener una unción especial. En última instancia, si estos referentes dicen haber recibido una revelación, una palabra o un sueño que no coincide mucho que digamos con la Palabra de Dios, no importa demasiado. Ellos se autoconstituyen como el nuevo canal que el Creador usa para comunicar cosas. Esa voz suena más actual, más misteriosa, y definitivamente mucho más atractiva y entretenida para sus congregaciones.

Nunca olvidemos que la Biblia jamás perderá su vigencia. Nunca la abandonemos ni nos alejemos de su lectura. Nunca perdamos el hambre y el interés por ella. No hay ni habrá otra voz con mayor autoridad. A pesar de los muy buenos oradores y los muy buenos libros con los que contamos hoy, las Sagradas Escrituras no pueden perder el lugar de cabecera en nuestras vidas y en nuestras iglesias. Debe continuar siendo el libro más consultado, el más estudiado y el más obedecido.

¿Objeto de estudio o espejo?

Por otro lado, hay un peligro que nos puede llevar al otro extremo, el de dedicarnos de lleno a zambullirnos en el estudio de las Escrituras, pero perdiendo de vista el objetivo. Yo te animo a que seas lo más estudioso de la Biblia que puedas; pero presta atención, porque los que hemos estudiado una carrera universitaria sabemos que uno puede devorarse un libro y terminar dando cátedra sobre el mismo sin siquiera sentirse identificado con él. Cada vez que tomes un manual de teología en tus manos para estudiar en forma personal; cada vez que inicies una nueva materia, si cursas para graduarte en un seminario; cada vez que te detengas junto a tu Biblia para indagar, investigar y profundizar en lo que lees, por favor nunca te olvides de que, entre otras cosas, la Palabra santa es nuestro espejo.

Eso quiere decir que la Biblia tiene la capacidad de mostrarnos cómo estamos y a partir de ahí debemos esforzarnos y dedicarnos a cambiar lo que no está bien en nuestras vidas. Si en mi andar de todos los días no se evidencian cambios, quizás me esté convirtiendo solo en un conocedor del texto bíblico, lo cual es bueno, pero para nada suficiente. Acerquémonos al libro divino con las motivaciones correctas de alimentarnos, crecer y conocer más a Dios.

En *Santiago 1:22-24* se nos manda a no conformarnos simplemente con escuchar. El ejemplo es sumamente gráfico: si alguien escucha la voz de Dios y después no hace nada al respecto, es igual a alguien que se mira al espejo y ve cosas para arreglar en su rostro, pero al segundo siguiente da media vuelta y se va dejando todo como está. A veces te cruzas con gente que al mirarlos te preguntas: ¿Realmente no tendrán espejo, o por alguna razón hoy decidieron no hacerle caso y salir a la calle así? Algo similar ocurre espiritualmente con todos nosotros: hay épocas en las que se nota que, o no hay espejo, o si lo miramos lo olvidamos, o bien siendo conscientes de lo que vimos, no le hemos hecho caso y hemos permanecido igual.

Efecto «cama solar»

La lectura de la Biblia debe convertirse en un hábito para todo el que esté interesado en tener una relación cercana con Dios. El problema que puede surgir con un hábito es que uno se acostumbre a hacerlo por inercia, tal como ocurre con cepillarse los dientes, por ejemplo. Al hacerlo, pensamos en cualquier otra cosa menos en el recorrido y el efecto de limpieza que el cepillo va logrando en nuestra boca. Conozco a muchos que han logrado instalar definitivamente este hábito diario de lectura, pero aun así, luchan con hacerlo con la conciencia y el sentido necesarios. Algunos piensan que basta con sentarse, abrir la Biblia y leerla. En realidad no la leen, más bien recorren con la vista el orden de las letras y renglones, pero su mente está en otra parte. Definitivamente no hay ningún efecto mágico en eso. No creas que la impresión de esas letras tenga un poder especial, y que basta con exponerse cinco minutos con nuestra cara de frente mirando esos caracteres. No buscamos lograr un efecto parecido al de una cama solar, donde uno se queda quieto unos pocos minutos y sale con la piel bronceada. Tenemos que saber que nuestro espíritu no va a salir alimentado tras unos minutos de observar algunas páginas de la Biblia si no tenemos idea de lo que vamos leyendo. No estemos contentos por el solo hecho de saber que lo hicimos un día más. Si lo único que nos interesa es tachar ese ítem en la lista de nuestros deberes cristianos, lo nuestro con Dios tiene más sabor a religión que a relación.

Las diferentes versiones

Gracias a Dios, en este punto de la historia contamos cada vez con mejores recursos para tener un acercamiento más fiel y preciso a su Palabra. Al alcance de la mano tenemos varias versiones y traducciones en nuestro propio idioma, que nos permiten enriquecer la comprensión y el estudio de las Escrituras. Lamentablemente, algunos se cierran a esta posibilidad, sosteniendo sin lógica alguna que la Biblia tiene una sola traducción indiscutible, y que todas las demás son simples versiones más modernas de aquella que es la verdaderamente original. Esta es, por ejemplo, la manera en que muchos hispanos ven a la traducción Reina-Valera.

Muchos hemos crecido, leyendo, estudiando y memorizando los versos bíblicos en esta versión. Es entendible que haya un buen número de personas que sienta un apego, una devoción y una identificación especial con esas expresiones específicas. Ellos parecen sentir que esos fueron los términos exactos que Dios utilizó, y hasta creo que, para no desilusionarse, evitan recordar la obvia realidad de que Jesús jamás pronunció una sola palabra en castellano. Tampoco lo hicieron los apóstoles, profetas, salmistas y demás escritores sagrados. La totalidad del texto bíblico necesitó ser traducido.

Energías mal canalizadas

Lo cierto es que no tenemos ningún elemento para pensar que tal o cual versión sea la única avalada por Dios desde el cielo para determinado idioma. Personalmente no tengo nada en contra de la versión Reina-Valera, pero asegurar que solo esa traducción es la voz autorizada de Dios en español es una exageración que además denota una importante ignorancia. Si somos líderes, deberíamos facilitar e incentivar el interés de la gente por la Biblia en vez de gastar tiempo y energías en sostener férreamente que no se alejen de la versión con la que nosotros nos sentimos más cómodos.

> **NO BUSCAMOS LOGRAR UN EFECTO PARECIDO AL DE UNA CAMA SOLAR, DONDE UNO SE QUEDA QUIETO UNOS POCOS MINUTOS Y SALE CON LA PIEL BRONCEADA.**

He visto a algunos defender su postura como si fueran verdaderos historiadores, lingüistas, traductores, biblistas y por qué no, expertos en griego y hebreo. Pero quienes los oímos, y tampoco somos nada de eso, sabemos que hoy contamos con otras traducciones de la Biblia que fueron hechas en base a originales más antiguos y fidedignos que los que usaron, por ejemplo, los señores Reina y Valera, ya que ellos murieron mucho antes de que se hicieran los últimos descubrimientos arqueológicos bíblicos conocidos por todo el mundo.

No hay nada de malo en que te sientas más a gusto con una traducción. De todas formas toma en cuenta la diferencia entre estudiarla y enseñarla a otros: no dejes de considerar de qué forma la pueden comprender mejor quienes te escuchan. Lo realmente importante es que, más allá de toda costumbre y tradición, y más allá también de todo rasgo de religiosidad caprichosa, no te pierdas la riqueza y la exactitud que hoy te brindan muchas herramientas con las que generaciones anteriores no pudieron contar.

¡La verdadera Biblia es esta!

Es posible que sigas escuchando a personas decir frases como: «La verdadera Biblia es esta», mientras levantan con orgullo en su mano una versión en particular, que puedo imaginar con tapa dura y de color negro. Su religiosidad, y sobre todo su falta de conocimiento, les hace olvidar que Dios no la inspiró en español, y que en la época en la que fue escrita no existía la imprenta y mucho menos la encuadernación. Imagino que si se levantara Esdras en nuestros días y apareciera entre nosotros con grandes y pesados rollos en sus manos, podría decir con mucho más derecho: «En realidad, esta es la verdadera Biblia. ¿Qué hacen ustedes con esa moderna cajita negra que adentro tiene papeles escritos por una máquina?».

El pueblo del libro (¿bajo el brazo?)

La Biblia es la Palabra revelada; el mensaje divino a la humanidad. Sus palabras son como una espada de doble filo y tienen un poder único y transformador sobre las personas. No es el libro en sí, el color o la rigidez de sus tapas, ni el tipo de letra lo que el Espíritu Santo usa para hablar a los corazones. Lo que viene directo de parte de Dios es su contenido, lo único verdaderamente importante. Si tienes la Biblia en tu teléfono celular o en tu computadora, no es menos Palabra de Dios por encontrarse en ese formato. Hoy incluso tenemos acceso a excelentes propuestas de audio bíblico, hasta con relatos dramatizados e interpretados con un gran nivel profesional. ¿Acaso escuchar esos materiales no es recibir la Palabra de Dios?

En algunas iglesias la lectura bíblica se proyecta en pantallas, facilitando así su visualización y seguimiento. Todos pueden leer a la vez sin las demoras y distracciones que provoca la búsqueda manual del pasaje. Esto mejora la atención y recepción del mensaje divino. Aun así, he oído a personas que se molestan si la gente no asiste a la iglesia con la Biblia en su mano. No interesa si la vamos a necesitar o no estando en el culto, lo importante parece ser transportarla, y que los demás vean que la llevamos bajo el brazo, como si eso garantizara por sí solo que la amamos, la leemos y la vivimos. No me opongo en absoluto a asistir a la iglesia con la Biblia, simplemente quiero dejar claro que más allá de una costumbre, ese simple hecho físico no nos hace mejores cristianos ante Dios y la sociedad. Si solo por andar con la Biblia en la mano pienso que soy una persona que tiene una mayor identificación con Cristo que otro que no la tiene, eso suena más a una tradición religiosa que a un hecho coherente.

En más de una ocasión, quienes se oponen a la Biblia en medios electrónicos me han dicho con cierta nostalgia: «Antes nos conocían como el pueblo del libro». Lo que yo me pregunto es hasta dónde era positivo ese concepto. ¿Nos decían así a los cristianos porque veían que siempre lo teníamos en la mano y sabían que lo estudiábamos? ¿Es eso suficiente? Yo pretendo algo más de nuestro cristianismo. Debemos esforzarnos para que diariamente la gente en la calle sea testigo de nuestro amor por los demás y de nuestra unión entre nosotros. Y con respecto a nuestra Ley, que sepan que para nosotros hay algo más importante que saber recitarla o transportarla: vivirla. Y cuando eso pasa, la gente lo nota. Si vamos a ser el pueblo del libro, que sea por encarnar lo que allí está escrito con nuestra conducta y no tanto por exhibirlo debajo del brazo, lo que dicho sea de paso, a veces es percibido por la comunidad como un síntoma sectario.

Los planes de lectura

Te aconsejo que no te acerques a la Biblia en forma azarosa, es decir, que no la abras en algún lugar distinto cada vez, buscando que la suerte de ese día te lleve justo a lo que Dios te quiere decir. Seguramente conoces muchas anécdotas al respecto y por supuesto que Dios puede hablarte de esa y de mil formas más, pero para una mejor comprensión e interpretación, es bueno que seamos sistemáticos al leer.

Hay muchos y variados planes de lectura bíblica que podemos escoger según nuestro gusto y conveniencia, con la ventaja de que nos darán un orden positivo. El peligro de estos planes aparece cuando nos ofrecen un plazo, por ejemplo leer la Biblia en un año; aunque esto implica un sano objetivo, puede volverse en contra de nuestro espacio personal con Dios. Cuando sucede que un día no cumplimos con la cantidad asignada de capítulos para leer, para el día siguiente dicha cantidad ascenderá al doble. Esto nos va generando una presión tal a la hora de abrir la Biblia, que logra dividir nuestra atención entre querer escuchar a Dios y a la vez leer lo más que podamos para no quedarnos tan atrás. Y suele pasar que al cabo de un tiempo caemos en la cuenta de que venimos tan atrasados con el plan, que será imposible remontar la situación a menos que leamos 83 capítulos en un solo día. Muchos abandonan la lectura de la Biblia simplemente porque se desanimaron al no poder cumplir con el plan que se propusieron. No está mal ponerse objetivos de lectura, pero recordemos que lo más importante es leer la Palabra y permitir que la voz de Dios penetre en nuestro interior. Mi sugerencia es que sigamos y respetemos el orden del plan de lectura que escojamos, pero sin ningún apuro. No es más espiritual el que lee diez capítulos por día que aquel que está diez días con un solo capítulo. Lo que nos hace crecer y conocer más a Dios es la riqueza que podamos encontrar en lo que leemos y no necesariamente en la cantidad de letras que recorremos con nuestra vista diariamente.

Me gustaría preguntarte lo mismo que le preguntó Felipe, en Hechos 8:30, a un funcionario etíope que leía las Escrituras: «¿Acaso entiende usted lo que está leyendo?». Reflexionemos en la manera en la que estamos leyendo la Biblia, y el tiempo y la atención que le estamos dedicando. Solo así seremos capaces de responder sinceramente esa pregunta.

¿Quién tiene razón?

Hablando de entender, recuerdo la pregunta que me hizo una vez un compañero de equipo en el club: ¿Por qué todos los cristianos no entienden la Biblia de la misma forma? Y me parece oportuno que toquemos este tema porque, como sabrás, algunos pasajes son interpretados de manera diferente por distintas denominaciones o ramas del cristianismo. Es decir, que con respecto a algunos temas o doctrinas específicos, según con quién estemos hablando, la Palabra de Dios parecerá decir una cosa u otra. Eso para nada desacredita el mensaje divino, dado que es una cuestión totalmente humana. Si en general preguntáramos: ¿Quién tiene razón en esos temas?, la mayoría nos respondería lo mismo: «Yo», o «mi iglesia», o «lo que enseña mi denominación», acompañado de toda una fundamentación que incluye otros pasajes bíblicos que afirman y apoyan esa interpretación.

> **NO ES MÁS ESPIRITUAL EL QUE LEE DIEZ CAPÍTULOS POR DÍA QUE AQUEL QUE ESTÁ DIEZ DÍAS CON UN SOLO CAPÍTULO.**

Mi denominación y las otras

Si bien yo tengo mi iglesia, mi denominación y mis principios teológicos, mi fe no está puesta en ellos sino en Dios. Mi devoción y mi culto están dirigidos a él. Los colores de mi bandera son los de él y de su reino, no los de mi congregación. Siento, experimento y aprovecho a mi iglesia como un medio para vivir un montón de cosas que forman parte de la voluntad de Dios para mí, pero me sé parte de una Iglesia más grande, una que Dios sigue formando, perfeccionando y usando. Una que él viene a buscar en cualquier momento para empezar a vivir un campamento eterno y perfecto en el lugar más espectacular y placentero que el universo haya conocido jamás: el cielo.

Lo sé, no es algo que me parece. Tengo la convicción, no la corazonada. Estoy seguro de que un día, allá en las mansiones celestiales, voy a compartir tiempos hermosos con hermanos míos que hoy interpretan algunos versículos de la Biblia de una manera diferente a la mía. Porque lo que nos va a salvar a ellos y a mí no será el nombre de una iglesia, ni el premio a la mejor y más pura exégesis bíblica; el pasaporte que nos va a dar la entrada a la ciudad celestial será la marca inconfundible de la sangre de Jesucristo, pintada en el dintel de la puerta de nuestros corazones.

Por eso yo ya me estoy anticipando a aquello y disfruto compartir tiempos acá en la tierra con gente que piensa distinto que yo. Amo a mis hermanos de otras denominaciones aunque algunos tengan una doctrina con la que no coincido. He aprendido a aprender de ellos porque todos tienen algo que enseñarme. Es más, no tengo reparos en confesar que estoy listo y abierto a la posibilidad de que un día, cuando estemos en aquel lugar en el que ya no habrá dudas de ningún tipo, el Señor nos tome del hombro a mi amigo de otra iglesia y a mí, y mirándome con una sonrisa sumamente tierna y moviendo su cabeza me diga: «Tenía razón él...».

Enfermos que dicen ser los sanos...

Sería muy bueno que tengamos un corazón abierto hacia el resto del pueblo de Dios, porque es justamente de Dios y no nuestro. Él incluye a quien quiere, y no tiene que pedirnos permiso para ver si algunos son de nuestro agrado o no. Y aunque nos cueste aceptarlo, el Señor no nos valora más a nosotros que a ellos. No perdamos el tiempo en criticar, despreciar y descalificar a otras iglesias. Amemos a todos nuestros hermanos y no cometamos el error y el pecado de creernos mejor que otros.

Sinceramente no me cae bien cuando veo cristianos que, creyendo ser los más fieles y los más bíblicos, miran con menosprecio y discriminación al resto. Dicen ser bíblicos, pero todavía no entendieron muchas cosas que fueron escritas allí, como por ejemplo el concepto de cuerpo. Creen que la unidad del pueblo de Dios se refiere solamente a la unión entre ellos. En otras palabras, están convencidos de que la Biblia fue escrita solo para ese círculo (seguramente por omisión el Génesis no arranca nombrando a esa denominación). Quizás piensan que al entrar al cielo, una de las primeras cosas que Dios hará será felicitarlos por ser los únicos que lograron interpretar la revelación escrita de forma perfecta. Por eso hoy proclaman a los cuatro vientos ser los propietarios exclusivos de la «sana doctrina».

Imagínate a alguien parándose en medio de un gran grupo y diciendo: «Señores, acá el único sano soy yo...». Obviamente eso equivale a decir: «Todos ustedes tienen algo de enfermo», expresión que de por sí no suena muy saludable que digamos. Alguien realmente sano no haría esa afirmación, ni siquiera tendría ese pensamiento. Ojalá que nuestra relación con Dios y su Palabra no esté afectada por este complejo sectario de superioridad. Si algo de esto notamos en nuestro interior, el médico divino necesitará intervenirnos para que podamos abrazar la sana doctrina de amar y valorar a quienes son diferentes a nosotros.

Evitando la trampa

No caigamos en la trampa enmarcada en el retrato del comienzo de este capítulo. La clave no está en acumular conocimiento, y mucho menos en dividirnos. La Biblia es un tesoro lleno de senderos dignos de recorrer, de manjares listos para degustar, de caricias para nuestra alma necesitada, y de instrucciones sabias para no perdernos en los laberintos de esta vida. No la subestimemos, no la demos por sentada, no nos acostumbremos a ella, no busquemos estudiarla solo para conocerla (ya hubo gente que hizo eso y terminó queriendo matar al autor de esa revelación). Las palabras de la Biblia son dichas por Dios y, según Jesús, debemos permanecer en ellas. No se trata de transportar un libro, de usarlo como distintivo ni de discutir acerca de su contenido; se trata de que anclándonos y afirmándonos en esas palabras, podamos avanzar en la más importante de nuestras relaciones. Fue él mismo quien nos dijo que si hacíamos eso podíamos pedir lo que queramos. No vayamos a la Biblia a buscar argumentos por obligación, vayamos en busca de alimento delicioso para disfrutar. El *Salmo 119:105* dice que su palabra es una lámpara a nuestros pies. Dejemos toda religiosidad a un lado y permitamos que la luz divina de esta maravillosa lámpara nos alumbre el camino.

5# | EL DESEQUILIBRIO DEL «REUNIONISMO»
(LAS REUNIONES Y LA RELIGIOSIDAD)

EL DESEQUILIBRIO DEL «REUNIONISMO»

Tengo 14 años y mi padre es uno de los líderes de la iglesia a la que pertenecemos. Por diferentes razones desde hace ya unos años, mi papá tiene una reunión diferente todas las noches de lunes a viernes. Supuestamente todas son importantes y no puede dejar de estar en ninguna. Algunas son de organización, otras de estudio, otras de oración y otras de liderazgo, pero la realidad es que entre el trabajo y la iglesia, mi hermana menor y yo casi ni lo vemos. Él siempre nos explica que Dios es lo primero y que la fidelidad a él está antes que todo, pero al menos yo ya me empecé a cansar de algunas cosas y la relación padre-hijo está cada vez peor. En casa es una visita, y cuando quiere opinar o poner orden yo siento que habla sin tener idea porque no está nunca. Los motivos principales de nuestras discusiones tienen que ver con ir o no a la iglesia. Me parece que es lo único que le importa de mí. Él me da razones espirituales, pero yo sé que le importa mucho lo que digan los demás si no lo ven con toda la familia. Me dice que hay una bendición especial en estar sentados juntos en la casa de Dios, y yo me pregunto si no habrá alguna bendición por sentarse alguna vez conmigo en casa a ver un poco de tele tomando un café para charlar, o por sentarse a la mesa para cenar con su familia. La asistencia perfecta que tiene en la iglesia coincide con la ausencia perfecta en todas mis actividades. No me acuerdo de haberlo visto en ninguno de los conciertos donde toqué, de los campeonatos donde competí o de los actos de mi colegio donde participé. Desde que era chiquito amé mucho a Dios, pero hoy estoy muy confundido. A la iglesia ya no la veo igual. Desde que entendí que lo peor que le puedo hacer a mi padre es faltar, trato de hacerlo. Además, en las reuniones me aburro y no entiendo por qué hablan de lo que hablan. Cada vez lo siento menos real, sobretodo cuando el padre perfecto se hace el cariñoso con mi mamá o con nosotros delante de los demás, y ni hablar cuando predica acerca de la familia. Él y mi madre no son de discutir delante de sus hijos, pero es evidente que las cosas entre ellos tampoco están en su mejor momento. Ella es muy prudente y percibo como que se viene tragando un montón de cosas y que un día de estos va a explotar. Lo peor de todo es que esto no tiene ni miras de mejorar. El pastor de la iglesia ya está muy mayor y mi papá es uno de los candidatos a sucederlo. Él sueña con ocupar esa posición, pero sinceramente no me imagino cómo sería. Calculo que en ese caso tendrá más reuniones y responsabilidades. Igual no me preocupa. Que no cuente conmigo en la foto de familia pastoral porque yo en un par de años voy a hacer la mía y si es necesario me voy de casa. ¿Acaso me va a extrañar? ¿Por qué no me extraña ahora que tampoco me ve? Mi hermana va por el mismo camino que yo, y mi mamá no lo sé. ¿Seguirá siendo su esposa? La verdad es que hoy no estoy seguro de nada. Lo único que tengo claro es que me da bronca llegar a esta edad y no tener padre teniendo uno. A veces pienso cosas raras; por ejemplo, la otra noche pensaba en que hubiera preferido que mi papá se fuera con otra mujer, por lo menos así tendría clara la razón de su abandono y sabría a quién odiar. Pero así como están las cosas, yo no sé si fue Dios, la iglesia, las reuniones, sus caprichos religiosos o quién, el que me robo a mi papá...

Sensaciones del hijo de un padre «fiel»

EL DESEQUILIBRIO DEL «REUNIONISMO»

> «No dejemos de congregarnos, como acostumbran hacerlo algunos...».
> Hebreos 10:25

Entiendo que este capítulo quizás sea el que resulte más polémico o no tan fácil de digerir para algún lector, pero me parece sumamente positivo que abordemos este tema. Por supuesto que es posible que pensemos diferente, pero te invito a que de todos modos lo leas hasta el final, ya que está escrito con la sana intención de sumar, bendecir y alertar contra peligros que nos pueden hacer mal.

Asistencia = Fidelidad

Crecí escuchando que si uno iba a todas las reuniones de la iglesia era una persona fiel. Según ese parámetro se podría clasificar a los miembros de una congregación de la siguiente manera: los que son fieles, los que son más o menos fieles, y los que directamente no son fieles. Esta forma de analizar la espiritualidad de las personas se ha ido transmitiendo generacionalmente, y hoy muchos de quienes sostienen y aplican esta visión de las cosas son pastores o líderes con buenas intenciones, pero que lamentablemente no se han detenido demasiado a meditar en esto a la luz de la Biblia. Si bien la asistencia al templo es un indicador a tener muy en cuenta a la hora de considerar el involucramiento de alguien, muchos grupos cristianos siguen cayendo en esta peligrosa e injusta evaluación que no tiene ningún apoyo bíblico sustentable.

Antes de seguir adelante, siento necesario aclarar que soy un defensor de la iglesia local y de la participación activa en la misma como miembro. No tengo dudas de que esto forma parte de lo que Dios ideó para nosotros y constituye además una necesidad para todos los que queremos crecer en sus caminos. Es un espacio único en donde podemos dar y recibir interactuando con Dios y los demás, aprendiendo lecciones que difícilmente aprenderíamos en otro lugar. Pero me parece sumamente constructivo que analicemos este riesgoso concepto tan arraigado en el día a día de nuestras comunidades de fe.

¿Fiel a qué?

El hecho de que un joven nunca falte a clase, en principio habla muy bien de él, pero de más está decir que eso no lo convierte automáticamente en un excelente estudiante. Habrá que ver sus calificaciones, su rendimiento y su desempeño como alumno. Si bien su asistencia es necesaria y fundamental, no es eso lo que se evaluará para salir aprobado; de lo contrario sería muy fácil graduarse de lo que sea. De la misma manera, cuando un cristiano asiste a todas las reuniones de su iglesia podemos verlo como un síntoma muy positivo, pero si tuviéramos que decir que eso lo hace fiel, podríamos afirmar que en principio solo muestra fidelidad a un cronograma de actividades. El adquirir ese buen hábito puede ayudarlo mucho, pero de ninguna manera lo convierte en alguien fiel a Dios. Es un primer paso prometedor, pero situarlo ya en la meta sería un exceso incorrecto.

La Biblia dice que no hay que matar, pero ¿no sería un tanto exagerado que alguien diga que es fiel a Dios simplemente porque nunca asesinó a nadie? La fidelidad a él incluye muchas otras cosas que aparecen en las Escrituras. Ir a la iglesia es una bendición indiscutible, pero con eso solo no alcanza. Conozco personas, y muy posiblemente tú también, que siempre están presentes en los cultos de su iglesia y sin embargo golpean a sus esposas, maltratan a sus hijos y son deshonestos en su trabajo; pero como tienen asistencia perfecta, se dice de ellos que son fieles a Dios. Claro, quizás nadie conoce esa otra faceta, pero en última instancia nadie se preocuparía mucho por conocerla, ya que para sus pastores no es alguien de quien haya que ocuparse, dado que asiste, canta, escucha, ofrenda y saluda. ¿Qué más se puede esperar de un cristiano si además participa los domingos con toda su familia? Él es visto como un verdadero ejemplo. A la hora de ocuparse de alguien, seguramente se pensará en la vida de los «infieles», que faltan a las reuniones.

Una prioridad exagerada

Algo que me entristece al recorrer muchas iglesias es escu-

EL DESEQUILIBRIO DEL «REUNIONISMO»

char desde sus púlpitos el exagerado nivel de prioridad que se le da a la presencia en los cultos. Parecen dar a entender que el mandamiento más importante no es el que Jesús nos dejó en Mateo 22 (amar plenamente a Dios y al prójimo), sino el de ir a la iglesia. Hablando con esos pastores, ellos jamás se animarían a expresar una afirmación como esta que contradiga tanto lo dicho por Jesús, pero basta con escuchar sus sermones, anuncios, motivaciones (en algunos casos verdaderas amenazas espirituales) u oír el análisis que hacen de su congregación para comprobar que lo que realmente más les importa acerca de sus ovejas es que asistan. Así lo heredaron de sus antecesores, así lo palpitan y así lo transmiten, más allá de que sean conscientes o no de su error. Aquí la gran distorsión no es enseñar y animar a las personas a obedecer a Dios en esta práctica tan necesaria como lo es reunirse, sino la alevosía con la que se lo pone casi por encima de todo otro deber como cristiano.

> **NO ES UNA LOCURA AFIRMAR QUE MUCHAS IGLESIAS SOLO EXISTEN PARA HACER REUNIONES Y HACEN SENTIR A SUS MIEMBROS QUE LO MÁS SIGNIFICATIVO DE SUS VIDAS ESPIRITUALES ES VENIR A ESOS ENCUENTROS.**

Consecuencias del «culto al culto»

Este desequilibrio hace que el culto se ponga tan por encima del resto de las cosas, que sin notarlo a veces puede pasar a ser más importante que aquel mismo a quien debemos rendirle culto, ya que a las claras se convierte en el centro alrededor del cual gira toda la razón de ser de la iglesia. No es una locura afirmar que muchas iglesias solo existen para hacer reuniones y hacen sentir a sus miembros que lo más significativo de sus vidas espirituales es venir a esos encuentros. Todo lo demás parece estar debajo en la lista de prioridades. Estas son algunas de las lamentables consecuencias de este desequilibrio:

1 – Se fomenta la religiosidad

A través del tiempo el espíritu farisaico ha continuado impulsándonos a creer que si cumplimos con ciertas costumbres, no solamente tendremos un buen nivel espiritual, sino que a la vez Dios estará muy contento y satisfecho con nuestro cristianismo. Si asistir a la iglesia es lo más importante, cada vez habrá más cristianos que se quedarán tranquilos cuando escuchen a sus líderes hablar de la «infidelidad» de los que no vienen. Asumirán que ellos son fieles solo por asistir, práctica que a esta altura ya realizan con bastante inercia. Cada vez le darán menos importancia a lo que hace de una persona alguien realmente fiel, y probablemente caigan en la fría rutina de simplemente cumplir. Sus pastores elogiarán su constancia y perseverancia en el tiempo, pero desafortunadamente se perderán lo mejor de la experiencia cristiana, y sus hijos respirarán una fe basada más en tradiciones que en una vivencia real. Ya podemos imaginar cómo termina eso.

2 – Se rebaja el concepto de fidelidad

Quizás temiendo perder asistentes, quienes conducen algunas congregaciones suelen soltar frases desde el micrófono que definitivamente no ayudan. Es más, intencionalmente o no, manipulan y presionan espiritualmente a las personas. Algunos ejemplos: «Los que no vienen al culto pierden la bendición y dejan de estar bajo la cobertura de Dios»; «Cuando el pueblo de Dios se reúne, no existe nada en el mundo que sea más importante»; «Los que no están presentes hoy, han puesto otras cosas como prioridad en vez de tener a Dios en el primer lugar». Bajar martillo de sentencia acerca del lugar que tiene Dios en la vida de otros, solo por verlos o no sentados en una reunión, es demasiado y es ignorar las circunstancias y realidades de cada uno. Escuchando este tipo de expresiones, por simple deducción instantánea, todos los que estamos sentados en ese momento entendemos que por haber venido nosotros sí tenemos las prioridades en orden en nuestra vida y, por supuesto, Dios es lo más importante para nosotros. Habría que ver lo cierto que es eso durante la semana, y para ello vendría bien preguntarle un poco a nuestras esposas, hijos, compañeros de trabajo y vecinos, para comprobar si nuestra forma de conducirnos respalda esa afirmación apresurada. Si esto fuera realmente así, ¡qué fácil sería tener a Dios en primer lugar! Solo se trataría de movilizar nuestros cuerpos hacia el domicilio justo en el momento indicado de la semana, y Dios estaría feliz por reinar en nuestro ser. No rebajemos la fidelidad a Dios a niveles tan chatos y mediocres, alentando el «reunionismo» como parámetro máximo de obediencia.

3 – Cambio de prioridades

En el capítulo 1 vimos cómo los religiosos de la época de Jesús decidían arbitrariamente y sin ninguna razón dada por Dios, cuáles aspectos de su fe eran más importantes que otros. Eran subjetivos, acomodaban las cosas a su gusto y se equivocaban en la importancia que le daban a cada cosa. Es una verdadera pena que hoy se hable mucho más acerca de venir a la iglesia que de ser buenos esposos, o buenos padres, o buenos empleados, ciudadanos, vecinos o amigos, por dar solamente algunos ejemplos. En la Biblia se dice mucho más acerca de esos temas que de la asistencia dominical. Y además esas cuestiones pueden marcar mejor el verdadero termómetro de nuestra espiritualidad que una simple planilla donde un líder marca nuestra asistencia. Pareciera que la evidencia de un buen cristianismo tiene más que ver con las «horas-banco» que pasamos en la iglesia, que por brillar como es digno del Señor en nuestra casa y en la calle. En última instancia, la misión que nuestro Creador nos dejó para cumplir en la tierra se lleva a cabo precisamente en el ámbito de la familia, el trabajo, el vecindario y la sociedad en general. Dios mira el corazón, y lo que de verdad hay dentro nuestro, salta a la vista en los lugares en donde nos portamos como realmente somos, y es bueno recordar que la iglesia no suele ser ese lugar precisamente.

¿Qué dice la Biblia?

Esta equivalencia entre fidelidad y asistencia a las reuniones no tiene ningún asidero en la Palabra de Dios. Es más, el versículo citado al comienzo del capítulo dice que no debemos dejar de congregarnos como algunos acostumbran. Habría que definir qué es exactamente dejar de congregarse, y en qué punto estamos en condiciones de afirmar que esto se ha vuelto una costumbre. Seguramente esto será una materia opinable, pero de ninguna manera este solo versículo es excusa para elevar la necesidad de congregarse al desmedido rango de mandamiento número uno.

Presionados y confundidos por la enseñanza que reciben, muchos cristianos terminan teniendo actitudes descorteses y ofensivas con sus familiares y amigos que no comparten la práctica de su fe, despreciándolos y dándoles la espalda en fechas o momentos especiales. Todo por ir y cumplir con la asistencia a una reunión. ¿Eso es necesariamente tener a Dios primero? ¿Eso es lo que realmente enorgullece a Dios? Que él sea la prioridad en nuestra vida implica obedecerlo y alinearnos con sus prioridades, y él nos ordenó que seamos sal y luz. Tú y yo sabemos dónde tenemos que brillar.

De ninguna manera estoy proponiendo no ir más a la iglesia, hacerlo de vez en cuando o cambiarla por cualquier otro programa que surja. Debemos ser constantes porque esa es la verdadera manera de aprovechar las bendiciones de compartir una comunidad. Pero si en alguna ocasión entendemos que Dios nos va a usar en una forma interesante en un lugar y un momento determinado, aunque simultáneamente haya una reunión, deberíamos respetar la guía de Dios sin pensar necesariamente que descenderemos varios escalones espirituales en una sola noche por el solo hecho de que nuestra silla esté vacía en la iglesia en un culto. Así como nuestros pastores suelen no estar presentes en alguna reunión porque Dios los está usando en alguna otra iglesia, de la misma manera puede ocurrir que algún miembro a veces sea movido por Dios para

EL DESEQUILIBRIO DEL «REUNIONISMO»

iluminar con su luz en algún otro ambiente, sobretodo en el marco de sus relaciones más cercanas y queridas.

Clasificación mentirosa

Si estamos guiando espiritualmente a personas sería muy sano que no caigamos en el error facilista de pensar que los que vienen a las reuniones son los que están bien, y los que no lo hacen están mal interiormente. Solo piensa que los que hoy están muy lejos de Dios no arribaron a ese punto de un segundo a otro. Fue un proceso en el cual seguramente, por un tiempo, mientras estaban sentados en la iglesia, ya su mente y su corazón se empezaban a alejar cada vez más; pero nadie se percató ni se ocupó de ellos porque estaban ahí, y eso era sinónimo de fidelidad y de que todo estaba bien. Como buenos pastores debemos ocuparnos de todas nuestras ovejas en todo momento, de las que están y de las que no están, y hacerlo siempre. Busquemos la manera de estar cerca y acompañarlas, de demostrarles que en realidad estamos interesados en sus vidas y en cómo andan, y no solamente en que asistan a las reuniones que nosotros preparamos. Esto se demuestra muy claramente con lo que decimos y mostramos cuando vamos a ver a alguien después de alguna inasistencia.

> **NUNCA CAIGAMOS EN LA TRAMPA RELIGIOSA DE CREERNOS BUENOS CRISTIANOS SIMPLEMENTE PORQUE ASISTIMOS A TODAS LAS REUNIONES.**

Ir a la iglesia es parte de nuestra fidelidad

Yo personalmente estoy muy de acuerdo con lo que dice Hebreos: «No dejemos de congregarnos». Yo nunca lo he hecho, y si lo haces eso definitivamente no le hará bien a tu corazón. Estar presentes en las reuniones nos permite disfrutar de una de las mayores genialidades inventadas por Dios: la iglesia. Todos necesitamos una iglesia local en la cual adorar, aprender, crecer, compartir y, en la medida que podamos, desarrollar el ejercicio de las capacidades que

Dios nos dio para servir a otros. Pero nunca caigamos en la trampa religiosa de creernos buenos cristianos simplemente porque asistimos a todas las reuniones. Hay mucho más por hacer y por ser. Dios está pendiente de todo lo que hacemos y pensamos durante la totalidad de la semana. Por esa razón, el hecho de estar en los cultos es solo una parte de nuestra fidelidad, y junto a muchas otras actitudes, una consecuencia lógica de nuestra salud espiritual, y no el fin máximo al cual apuntarle como creyentes.

¿Cómo deben ser las reuniones?

Hablando de reuniones, es curioso cómo en algunas iglesias no solo se le rinde «culto al culto» por la presión desmedida en torno a asistir, sino también como una institución intocable que no permite que nadie intente expresar alguna opinión acerca de cómo llevarla a cabo. Presta mucha atención a esto: En ningún momento Dios nos dejó indicado cómo debían hacerse las reuniones. Jamás nos dijo cuántas realizar en la semana, ni a qué hora, ni qué cosas había que hacer en el programa, ni muchísimo menos de qué forma. Me parece un desperdicio que muchos cristianos muy capaces y con un gran potencial inviertan sus energías en defender a capa y espada una forma de cantar, una forma de predicar, o cualquier otro detalle o aspecto de la liturgia que tenga que ver con el «cómo» del que Dios nunca dijo nada, ya que él solo se limitó al «qué». Es decir, sabemos que tenemos que reunirnos, se nos habla en las epístolas acerca de hacerlo en orden, de compartir, de servirnos unos a otros, y no mucho más.

Nos debería molestar más que la gente que hoy camina por las calles y entra a algunas iglesias cristianas se encuentre con un cuadro tan difícil de descifrar. A veces pienso que debajo de algunos púlpitos debieran ir apareciendo los subtítulos que traduzcan lo que está diciendo quien tiene el micrófono, porque con el afán de sonar bien para el léxico de un grupo reducido, parece estar hablando directamente en otro idioma. A veces lo que hacemos en el programa es exactamente igual a lo que se hacía muchas pero muchas décadas atrás, y en algunos casos siglos. Pero aunque parezca increíble, muy pocos están dispuestos a sentarse a pensar y a orar preguntándole a Dios, el principal interesado, cuál sería la mejor manera de llegar a la gente de hoy con nuestras reuniones. Sé de lugares donde pesa más lo que dijo Don Fulano (que fue un gran hombre de Dios, pero que falleció hace muchísimos años y nos dejó un ejemplo digno de imitar), que la opinión de Dios, o lo que la Biblia diga al respecto o no. No hace falta que insistamos con métodos que utilizaron nuestros abuelos y que con el tiempo fueron adquiriendo la categoría de sagrados. Tendremos que dedicarnos a analizar si siguen siendo los más aptos hoy. Es más, si agudizamos el análisis, quizás descubramos que algunas estrategias ni siquiera fueron apropiadas en su época.

Dios nos dio creatividad

Dios nos dio libertad creativa. Él es el inventor por excelencia; siempre sigue creando y haciendo milagros por doquier. Si alguien quiere apagar tu imaginación diciendo que como Dios no cambia, nosotros tampoco tenemos nada que cambiar en la iglesia; respeta y ama a esa persona, pero no le creas eso. Pertenece al grupo de los que sostienen que hay que volver a las fuentes o las raíces, pero ellos en vez de volver dos mil años atrás a lo vivido y expresado por Jesús, solo están retrocediendo caprichosamente cien o doscientos años, para quedarse detenidos en el tiempo con lo que dijeron o hicieron algunos hermanos que en aquel momento hicieron lo que no estamos haciendo nosotros: sentarse a volver a pensar las maneras y los modos de obtener mejores resultados. Imitemos a aquella gente pero en su actitud, y no necesariamente en las formas, ya que han pasado un par de cositas en nuestras sociedades en todos estos siglos.

Intentemos tener el corazón correcto y la mirada en el Señor cada vez que vayamos a la iglesia. Si las reuniones de las que participamos nos parecen rutinarias, frías y previsibles, aún tenemos la posibilidad individual de vivir esos momentos espirituales con otra intensidad y sensación por nuestra actitud interior. Y en la medida que podamos, involucrémonos como agentes de cambio que sepan sugerir con amor y respeto nuevas opciones, sabiendo que los procesos de cambio nunca son instantáneos. Es muy importante que entendamos que estas cuestiones son espirituales, con todo lo que ello implica, y no deben ser tomadas como luchas personales que nos hagan perder el enfoque de lo que Dios quiere hacer en nuestro medio. Me parece oportuno que recordemos y no perdamos de vista que así como la Biblia no nos dice nada acerca de los detalles de un culto, hay cosas que sí nos dice claramente con respecto a la sujeción a nuestros pastores.

El «reunionismo» como enemigo de la vida familiar

He oído a muchos enseñar que en lo más alto de la escala de prioridades de un cristiano, los primeros puestos deben ser los siguientes: 1) Dios, 2) Familia, 3) Iglesia o servicio. Yo me adhiero a este orden. El gran problema que observo es la enorme confusión que, a la hora de las decisiones, existe entre «Dios» e «iglesia». Que Dios está primero no hay ninguna duda, pero cuando mal entendemos que cualquier cosa referida a la iglesia o al ministerio en el que servimos tiene la misma prioridad que Dios, es cuando nos equivocamos y comenzamos a relegar a la familia. Mi iglesia local no es Dios. Las reuniones no son Dios. El hecho de que me inviten a servir o a participar de algo espiritual, en sí no convierte a esas cosas en Dios. Con cuánta tristeza vemos cantidades de familias y matrimonios deshechos porque la cabeza del hogar falló. Era una persona entregada a Dios y dispuesto a renunciar a todo por él, pero lamentablemente se confundió y se empezó a entregar a cuanta reunión y actividad había, pensando que así agradaba más a aquel que era la prioridad en su vida. Me encantaría decir que el caso del comienzo del capítulo es una burda exageración, pero lamentablemente no puedo.

EL DESEQUILIBRIO DEL «REUNIONISMO»

Encuentro suficientes pasajes y mandamientos en las Escrituras acerca de ser buen marido de mi esposa y buen padre de mis hijos, como para ocuparme bastante de eso. Busco un solo atisbo, o al menos una insinuación de que Dios me pida en la Biblia que todos los días de la semana tengo que tener una reunión, y no lo encuentro. Además, habría una contradicción en sus mandamientos, porque, ¿qué clase de padre y esposo sería si no estuviera nunca en casa? Y para los que creen que lo mejor que les puede pasar a nuestros hijos es vernos pasar de largo camino a una reunión, porque así ellos entenderán el valor del servicio y la fidelidad, les digo que están muy errados. A ellos no les alcanza con que la gente de la iglesia los felicite por el padre que tienen, ni con ver que papá predica, toca o canta bien en la reunión. No es suficiente saber que su padre es exitoso y fructífero en el ministerio que realiza. Ellos necesitan crecer al lado de alguien que les dé una muestra de cómo es el Padre celestial. Ellos necesitan ver a Jesús en la vida de su papá y no lo captarán sentados en la iglesia. Necesitarán jugar juntos, reírse, contarse cosas, llorar, compartir salidas, paseos, charlas y momentos netamente espirituales también. Estas cosas no son utópicas en absoluto y tienen una ocasión irrepetible para vivirse. Tampoco pueden encomendarse a otra persona para que las realice, sobre todo cuando el padre está con vida.

Por más buenas personas que podamos llegar a ser, si pasamos más tiempo en reuniones que con nuestros hijos, ellos no solamente sufrirán el dolor y las consecuencias de esa ausencia, sino que también les estaremos dando un pésimo antecedente para su futura relación con Dios, ya que ellos serán testigos de las inevitables discusiones entre un padre que tiene tiempo para los demás, y una madre postergada y no tenida en cuenta en la agenda de su marido «fiel» (fiel a Dios y a la iglesia, pero que no le presta atención a su esposa). Crecerán yendo a la iglesia por obligación, porque ese sistema que les ha robado a su papá encima exige que toda la familia salga bien en la foto; es decir, hay que conservar la imagen sin importar el clima que se viva en casa. Con los niveles de autenticidad que hoy manejan los adolescentes y la creciente fobia que sienten hacia la hipocresía, tenemos que saber que si esa fuera nuestra realidad, nuestros hijos, antes de que nos demos cuenta, no encontrarán razón alguna para permanecer en la iglesia, y probablemente se dará un desenlace doloroso pero cada vez más común: jóvenes que no quieren saber nada de Dios porque no quieren el cristianismo que vieron a través de actitudes y decisiones equivocadas tomadas por un padre que, entre tanto amor a Dios y deseo de servirle, se confundió enredado en su religión y terminó vendiendo carísimo a su familia, por algo que en realidad Dios nunca le había pedido.

La iglesia está para ser disfrutada

Cierro este capítulo volviendo a enfatizar que el asistir a la iglesia y servir a Dios es algo que claramente forma parte de su voluntad. Y en mi humilde e imperfecta experiencia, puedo decirte que son de las cosas que más me han bendecido en la vida. No pienso dejar de practicarlas y te aconsejo que tú tampoco lo hagas, pero no te resbales hacia extremos religiosos que Dios no exige, porque tú serás el único responsable de las consecuencias.

Nuestra relación con la iglesia y las reuniones debe ser un motivo de alegría y de satisfacción, no de discordia. La iglesia no está para competir con la familia; está para ayudarla y bendecirla. No hagamos malos negocios con uno de los capitales más preciosos que Dios nos da para administrar: nuestro tiempo.

«EL UNGIDO»

6# SIRVIENDO A DIOS Y NO A LAS CÁMARAS
(EL SERVICIO Y LA RELIGIOSIDAD)

Acababa de esparcir conceptos absolutamente revolucionarios y desestabilizantes para la época, que más tarde algún día serían compilados y quedarían entrelazados para conformar uno de los discursos más famosos en la historia de la humanidad. Justamente cuando bajaba de ese monte donde pronunció frases inmortales, alguien con una enfermedad crónica e incurable se le puso irrespetuosamente delante de rodillas. La ley no se lo permitía debido a lo contagioso de su terrible afección; sin embargo, en una muestra sorprendente de fe, este hombre le otorgó permiso al Maestro para que, si lo deseaba, lo sanase. El rabí respondió a tamaña confianza con un milagro instantáneo y completo; y antes de indicarle que procediese con los trámites legales que lo habilitaban para moverse libremente en sociedad, le hizo una recomendación tan habitual en él como inusual en el resto: «No se lo digas a nadie...». Mientras otros desplegaban instrumentos musicales para propagar a través del viento acciones mucho menores, estaba más que claro que el más grande de todos no vivía buscando honores. Evidentemente las trompetas y los aplausos no figuraban en su lista de sonidos preferidos. Quienes estaban a centímetros de esa escena fueron testigos de que este predicador, en contraste con los otros, ponía en práctica en el valle las cosas que había enseñado arriba en la montaña.

Curación de un leproso
—Mateo 8:1-4

> «...no lo anuncies al son de trompeta, como lo hacen los hipócritas en las sinagogas y en las calles para que la gente les rinda homenaje».
> **Mateo 6:2**

El servicio, en el más puro sentido de la palabra, es una de las facetas que representa más dignamente a un cristianismo sano. El entregar desinteresadamente de nuestro amor, tiempo, dedicación y hasta de nuestros recursos para depositarlo en otros, es un muy buen síntoma de un verdadero seguidor de Jesús. Este tipo de actitudes hoy van más a contra mano que nunca en medio de una sociedad voraz y egoísta que no mueve un dedo sin algo a cambio o sin anteponer un interés de beneficio propio.

Jugar para la tribuna

Tan loable es el servicio que aquellos que lo realizan, de alguna forma y al menos en algún sentido, se destacan, quedan bien, son respetados y admirados en cierto contexto por lo que hacen. Esto es toda una tentación para quien vive pendiente de la opinión de los demás. Suele pasar en un equipo de fútbol que algunos de sus jugadores están más atentos a la reacción del público hacia ellos que al partido en sí. Se dice de ellos que «juegan para la tribuna», ya que les interesa más arrancar un aplauso o una ovación que el éxito deportivo de su equipo. ¿Es posible que en el servicio a Dios ocurra algo similar? Sí, es posible, y no se trata de una acusación, simplemente es asumir que somos seres humanos y que este tipo de tendencias precisamente forman parte de nuestra condición.

El modelo fariseo

Los religiosos de la época de Jesús cayeron en esta trampa, entre otras. En *Mateo 6:2* vemos que cuando ellos estaban por hacer una obra de bien, no querían correr el riesgo de que eso pasase desapercibido; entonces, por las dudas, hacían tocar trompetas tanto en las sinagogas como en las calles para que todo el mundo fuese testigo de su generosidad. La sentencia del Señor es drástica: «Ya recibieron su premio». Dicho en otras palabras, él dijo: «Querían que los vieran y gracias a las trompetas ya lo lograron. Que no esperen más; no recibirán nada de parte del cielo porque tampoco lo buscaban».

En este punto es sano recordar que el único que ve los corazones y sus intenciones es nuestro Padre celestial, y lo más importante seguirá siendo lo que nos motiva a hacer lo que hacemos y, sobre todo, para quién lo hacemos. No usemos el resto de este capítulo para evaluar el servicio de los demás; mejor utilicémoslo como una guía para revisar a conciencia nuestros objetivos más internos y profundos al servir.

¿Para quién lo hacemos?

Los hipócritas, tal como los llamó Jesús, buscaban el lugar y la hora donde la mayor cantidad de gente pudiera ver cómo ayudaban a otros. Si soy sincero, debo confesar que más de una vez a la hora de decidir dónde y cuándo hacer algo, me terminé inclinando por una opción parecida simplemente para que se notara lo que estaba por hacer. Probablemente tú también recuerdes situaciones similares. Si es así, juntos deberemos reconocer que en ese momento se mezclaban un poco las dos intenciones: servir al Señor y que nos vieran en acción. Es decir, que mientras le dábamos esa ofrenda a Dios, una parte nuestra estaba enfocada en cómo los demás estaban viendo nuestro sacrificio, generosidad, capacidad, humildad, etc. El servicio tiene mucho de humildad, pero si quiero que me aplaudan por mi humildad, tan humilde no debo ser. La generosidad según Jesús tiene reglas dentro del reino. *Mateo 6:3* dice que ni la mano izquierda se debe enterar de lo que hicimos con la derecha, poniendo en alta estima el gran valor del anonimato en algunos casos.

Según la Biblia, nuestros dones no son nuestros ni los ganamos por nada que hayamos hecho; se nos regalaron y son para usarlos en beneficio de los demás, no para exhibirlos como un trofeo. Y nuestra entrega y sacrificio son para aquel a quien todo le debemos y no para la tribuna. Por eso la pregunta no está de más: ¿Para quién hacemos lo que hacemos? ¿Soy líder de adolescentes para demostrar mis dotes de liderazgo y lograr así que me asignen una tarea «mayor»? Debería hacerlo para Dios y para mis adolescentes. ¿Me involucro en tareas sociales ayudando a los necesitados para subir los puntos de mi valoración personal? Debería hacerlo por amor a Dios y a esas personas necesitadas. ¿Predico o enseño para que me feliciten por lo bien que hablo? Debería servir a Dios humildemente comunicando algo claro de parte de él a mi auditorio. ¿Soy parte de la alabanza en mi iglesia porque me encanta que se conozcan mis virtudes musicales? Debería sentirme como una simple guitarra que se usa para ayudar a los demás a adorar a Dios.

¿En qué nos vamos a enfocar?

Es imposible separar el servicio a Dios de la gente, porque la forma en la que lo servimos a él es precisamente sirviendo a las personas. También es imposible abstraernos de nuestra naturaleza humana que siempre luchará con sobresalir. El punto clave aquí es en qué nos vamos a enfocar a la hora del servicio. Desde que empezamos a desearlo, a orarlo, a planearlo y hasta el día de ejecutarlo, nuestro corazón debe estar concentrado primariamente en ofrecerle a Dios algo puro, agradable y sincero. Es posible que algunas cosas traigan de la mano cierta exposición, notoriedad y hasta reconocimiento, pero eso nunca debe ser parte de nuestro objetivo; de lo contrario, seguiremos engrosando la lista de esos religiosos hipócritas con los que tuvo que lidiar el Señor. En realidad ellos nunca dejaron de existir; a veces pueden estar muy cerca de nosotros y no debemos dejarnos contagiar por ellos.

¡Que suenen las trompetas!

En tiempos de Jesús los abanderados de la hipocresía hacían sonar la banda antes de ayudar a alguien. Hoy las trompetas son otras, y mientras los escenarios para actuar siguen siendo los mismos (dentro de la iglesia y en las calles), lo que se ha multiplicado son las posibilidades de hacernos ver. Todos sabemos que en este momento de la historia no necesitamos lugares y momentos concurridos para ser vistos. Basta con una cámara fotográfica, de vídeo o hasta un simple teléfono celular para que esas imágenes lleguen a quienes nosotros deseamos, aun en rincones insospechados.

No tiene nada de malo difundir y dar a conocer lo que Dios está haciendo en el marco de un ministerio. No está mal usar imágenes de acciones concretas para recoger ofrendas o para reportar y agradecer a quienes ya las están aportando para una causa noble. Las imágenes muchas veces son sumamente útiles para informar, motivar, desafiar y hasta para alabar a Dios por todo lo que él está haciendo. No estoy para nada en contra de las imágenes ni de los medios en los cuales colocarlas, la cuestión vuelve a plantearse en el plano de las intenciones: ¿Qué es lo que de verdad estamos buscando? ¿Qué es lo que queremos mostrar en última instancia? ¿A quién queremos exaltar realmente?

ES POSIBLE QUE ALGUNAS COSAS TRAIGAN DE LA MANO CIERTA EXPOSICIÓN, NOTORIEDAD Y HASTA RECONOCIMIENTO, PERO ESO NUNCA DEBE SER PARTE DE NUESTRO OBJETIVO.

Las redes sociales constituyen uno de los medios de comunicación más poderosos y característicos de esta época, y si nos valemos de ellas para fines espirituales estaremos siendo sabios. Pero deberemos prestar mucha atención para asegurarnos de que, al difundir y promover nuestra tarea, estemos realmente cumpliendo nuestra misión como ministerio y no haciendo simplemente ruido de trompeta para llamar la atención en torno a nosotros mismos.

Imagino a algunos contemporáneos del Mesías escuchando trompetas en las plazas, sin ver ni encontrar algo que coincida con semejante pompa previa. Hoy hay gente en todos los ámbitos de la sociedad que hace sonar bombos y platillos a su alrededor por el solo hecho de lograr una mejor posición en el mercado. Nosotros no buscamos posición, renombre ni fama; servimos a Dios de corazón para que su reino avance todos los días un poco más acá en la tierra. Y si dentro de sus planes él nos quiere poner en otra posición para tener mayor alcance con nuestra obra, será él mismo quien se encargará de hacerlo sin que nosotros tengamos que contratar trompetistas. Somos responsables de que la gente recuerde más nuestro servicio que el ruido hecho en torno a esa acción.

Dones de escenario y dones de segunda categoría

Dios nos explica en su Palabra que nos han repartido dones espirituales a todos sus hijos para que los usemos con el fin de edificarnos unos a otros. Es cierto que existen diferentes interpretaciones de cuáles son esos dones específicamente y de cuáles estarían en vigencia hoy en día, en el caso de que algunos no lo estuvieran. Este no es el momento de detenernos en esa discusión, ya que el objetivo de este libro no es marcar ninguna tendencia doctrinal sino ser de utilidad a toda la iglesia en general. De allí que me quiero centrar en algunas certezas que no dejan lugar para las dudas o diferencias.

Algo indiscutible es que tanto los dones como las capacidades o talentos naturales que nos han sido dados, no fueron repartidos en base a un criterio que podamos deducir. Dios es soberano. Usando otras palabras, podríamos decir que él hace lo que quiere de acuerdo a sus propósitos. No tenemos explicación alguna de porqué unos son tan buenos en esto y otros son tan brillantes en aquello otro; lo cierto es que Dios repartió y nadie quedó afuera de ese reparto. Ni siquiera tú que piensas que se olvidaron de ti.
Me apena encontrarme en diferentes ciudades con muchos

jóvenes que tienen ganas profundas de servir a Dios, pero que se sienten verdaderos inútiles. Esto se debe principalmente a dos causas: Una tiene que ver con una mala comprensión de sí mismos y de lo que Dios dice; pero la otra es más sistémica, es decir, que tiene que ver con toda una filosofía acerca del servicio que desafortunadamente se ha ido instalando a través de los años en la mayoría de las iglesias, infectando y desvirtuando el verdadero valor de los diferentes dones.

Nadie se animaría a enseñar desde el púlpito que los que están arriba del escenario, o en frente de la congregación con un micrófono o un instrumento musical en la mano, son más importantes que el resto, y que sus dones son de una categoría superior a otros que no se ven ni se aplauden. Si bien esto no se enseña expresamente con esas palabras, se transmite todo el tiempo y de muchas maneras, con actitudes y con decisiones que gritan a viva voz que la mentalidad reinante abriga ese concepto.

> **EL CONTEXTO NO AYUDA, YA QUE HOY, ANTE LA AUSENCIA DE IDEALES EN LA CALLE, TODOS LOS ADOLESCENTES SOLO ADMIRAN A MÚSICOS Y DEPORTISTAS FAMOSOS.**

Cada vez que leo en las Escrituras que la iglesia es un cuerpo con diferentes miembros que cumplen diferentes funciones, vuelvo a abrazar la certeza de que todos somos necesarios y de que el ojo es tan importante como el oído, los pies, las manos o la cabeza. De lo contrario no hay cuerpo, solo hay miembros sueltos; y si están sueltos no tienen vida, es decir, no son útiles salvo para ser estudiados. Qué triste sería que eso sea lo que le suceda a una congregación.

La iglesia es un equipo

Soy un convencido de que el apóstol Pablo no usó la figura de un equipo deportivo para hablar de la iglesia simplemente porque no vivió en esta época. En un equipo, por ejemplo, no todos podemos ser delanteros; para que haya equipo también deberán cubrirse el resto de las posiciones. Quizás los que hemos tenido la oportunidad de practicar por años un deporte de grupo, entendemos mucho mejor la realidad de alcanzar un objetivo conjunto gracias al aporte individual de cada uno en sus diferentes funciones. Uno aprende a valorar la importancia de cada compañero en su puesto, ya que su fortaleza o debilidad hará que el problema o el éxito lo tengamos todos. Uno se identifica con su posición y trabaja duro para ser más excelente en ella, al lado de otros que hacen lo mismo con la suya. En ese clima, fruto de la práctica, la convivencia y el transitar juntos un mismo camino, todos aprenden casi de manera natural a dimensionar lo bien que podemos funcionar si estamos unidos cumpliendo cada uno con su papel. Un ejemplo similar podría tomarse de una orquesta con diferentes instrumentos que sonando juntos ofrecen un sonido incomparablemente hermoso, que ningún instrumento estaría en condiciones de brindar por su propia cuenta.

Qué lástima que en algunas iglesias hoy muchos quieran ser solo goleadores o solistas. El contexto no ayuda, ya que hoy, ante la ausencia de ideales en la calle, todos los adolescentes solo admiran a músicos y deportistas famosos. Me parece que en el ambiente cristiano hay demasiados jóvenes soñando, orando y esforzándose para ser como ese orador famoso o aquel cantante muy conocido, sin siquiera preguntarse cuáles han sido los dones que Dios les dio a ellos y de qué manera él los diseñó para que sean verdaderamente útiles.

Encontrando tu puesto

Es mentira que si no se ve lo que haces, no sirve. En ningún lugar de la Biblia dice que los verdaderos siervos de Dios son los que tienen un micrófono y los que salen en las fotos. Si Dios te dio la capacidad de ser un buen comunicador a través de la palabra o de la música, adelante; pero no te sientas frustrado si eso no es lo tuyo. Vuelve a recorrer las páginas bíblicas donde aparecen los listados de dones; préstale mucha atención a aquello en lo que eres bueno, a eso que te fluye con tanta naturalidad que casi no te cuesta y hasta lo disfrutas; piensa en los verdaderos sueños que están dentro de ti y no tanto en los que te quieren imponer; medita incluso en lo que ha sido tu experiencia de vida, porque a través de ello, Dios también te estuvo preparando para aquello en lo que te quiere usar.

La iglesia necesita cada vez más gente con verdaderos dones de administración, de misericordia, de servicio, de generosidad y de ánimo, entre otros. Hay una vida más allá del escenario. Hay un mar de necesidades más allá de las paredes de la iglesia. El servicio a Dios no se reduce a un púlpito y a un micrófono. La verdadera motivación que nos debe mover a servir no tiene que ser realizarnos individualmente reforzando nuestra autoestima, ni satisfacer nuestras ansias de notoriedad pública y admiración de los demás hacia nosotros. El motor que nos tiene que impulsar desde adentro es el negarnos a nosotros mismos, tomar la cruz y seguir a Jesús haciendo esas obras que él mismo se encargó de preparar de antemano exclusivamente para nosotros.

El único elogio por el que trabajamos

Sigamos aprendiendo del Maestro: él no buscaba la alabanza de la tribuna, simplemente cumplía su misión con humildad. Sirvamos a Dios y no a las cámaras; no codiciemos los aplausos ajenos ni nos enamoremos de los que hayamos recibido alguna vez; no estemos pendientes de nuestra imagen. Después de todo, el único elogio con el que nos ilusionamos es aquel que esperamos escuchar en la meta final de nuestra carrera, cuando suenen las palabras: «¡Hiciste bien, siervo bueno y fiel! En lo poco has sido fiel; te pondré a cargo de mucho más. ¡Ven a compartir la felicidad de tu señor!» *(Mateo 25:21).*

7# SOLTEMOS LAS PIEDRAS
(EL JUZGAR A LOS DEMÁS Y LA RELIGIOSIDAD)

SOLTEMOS LAS PIEDRAS

Esa mañana estaban particularmente entusiasmados. Como dirigentes de la iglesia creían haber encontrado la forma perfecta de acorralar a este nuevo profeta que tantos problemas les estaba causando con sus enseñanzas. Finalmente y después de tantos intentos fallidos, tendrían elementos para acusarlo en público y echarle así un baldazo de agua fría a su popularidad. El caso se trataba de una auténtica pecadora con todas las letras, que acababa de ser sorprendida en uno de los actos más condenables e inmundos para la época. La ley era muy clara y las pruebas sobraban. ¿Se animaría este carpintero de Nazaret a ir en contra de Moisés? Pero a su vez, si no lo hacía, ¿cómo seguiría hablando del amor después de esto? Sería como dar un guiño frente a una multitud y al templo para, a pedradas, convertir a esta mujer en un cadáver ensangrentado a sus pies. Todos esperaban verlo dudar, pero él jamás titubeó. Con su acostumbrada calma recomendó que sería bueno que la ejecución la iniciase aquel que estuviera totalmente limpio de pecado. Las dudas en ese momento se trasladaron hacia el lado de los apedreadores, y el nerviosismo se empezó a instalar en los religiosos. Manos tensas que se abrían, ruidos secos de piedras que caían sin fuerza y pasos lentos que se retiraban del lugar, pasaron a ser una secuencia repetida y contagiosa que duró varios minutos. Los que comenzaron a marcar la tendencia fueron los de más edad, quizás producto de la mezcla de sabiduría con acumulación de pecados en sus conciencias. Al final, solo quedaron dos protagonistas en la escena: La acusada, que consciente de su culpabilidad simplemente esperaba, y él, que era el único que tenía autoridad para tomar las piedras que hicieran falta para hacer justicia. El desenlace fue sorprendente: No hubo sangre, hubo perdón; no hubo condena, hubo exhortación; no hubo final, hubo comienzo. El Creador hecho hombre acababa de enseñar, con hechos y no con discursos, un concepto cuyo significado y alcances muchos todavía se resisten a aceptar: La Gracia. Un idioma indescifrable para quienes ese día habían preparado todo con otra expectativa.

Recuerdo de una mañana frustrante
—Juan 8:1-11

> «No juzguen a nadie, para que nadie los juzgue a ustedes». Mateo 7:1

La molesta y chocante Gracia...

El histórico y polémico suceso ocurrido aquella mañana en Jerusalén sigue dando un poderoso mensaje que, si somos sinceros, debemos reconocer que aun en nuestros días no es fácil de digerir. Entiendo a quienes se molestan con la gracia, porque en algún momento de mi vida a mí también me resultó chocante e «injusto» que Dios decidiera darle otra oportunidad a gente que, para mi gusto y noción de justicia, directamente no se la merecía. La justicia, concepto que implica que cada uno reciba lo que le corresponde, parece estar peleada con la gracia, al menos en nuestras cabezas, pero no es así en el caso de Dios que es justo y a la vez lleno de gracia.

Para los demás, ¡Justicia! Para mí, misericordia...

No miremos tan mal a los religiosos que querían apedrear a la mujer adúltera, los humanos nos caracterizamos por tener una necesidad y una sed innatas de justicia. Claro, curiosamente siempre referida a los demás. Cada vez que veamos o escuchemos a alguien reclamando justicia y castigo, ya sea en una manifestación pública, en un discurso, en un escrito, o hasta en el seno de la actividad de una iglesia, prestemos atención al detalle de que siempre se trata de que el rigor se aplique a otros, pero no a quienes están haciendo el reclamo. En la Biblia vemos, por ejemplo en los Salmos, cómo el mismo David en más de una ocasión le rogaba a Dios que aplicara toda su justicia sobre sus enemigos (a veces con detalles bastante violentos, por cierto), mientras que en otros momentos clamaba por misericordia para su propia vida. Esto es una simple muestra de cómo somos: Queremos que la ley caiga y aplaste a los demás que no la cumplen, pero si se trata de nosotros o de seres muy queridos, estamos abiertos a explorar posibilidades de no ser tan «legalistas» y darle la bienvenida a la misericordia y la gracia.

Velando por la santidad, de los otros...

Quizás sea por eso que a veces encontramos tantos cristianos sumamente atentos y ocupados en vigilar la vida y obra de otras personas. No formemos parte de ese grupo. Todo sería diferente y habría más santidad si cada uno pusiera el énfasis sobre la integridad en su propia vida. Los líderes somos responsables de guiar, instruir y acompañar el crecimiento espiritual de nuestros discípulos, pero no es verdad que hemos recibido un encargo especial de parte de Dios para perseguirlos obsesivamente buscando el cumplimiento de algunos mandamientos. Y digo algunos porque, como pasaba en los días de Jesús, casi siempre esta pasión por la santidad ajena está apuntada arbitrariamente hacia algunos aspectos por encima de otros.

Aceptemos los sanos consejos que se encuentran en las epístolas del Nuevo Testamento acerca de cuidar nuestro corazón, nuestra firmeza y santidad sin juzgar a los demás, a quienes tenemos que mirar y tratar con la humildad de quien es consciente de sus propios pecados y de la latente posibilidad de caer en los mismos errores que nuestros hermanos. Según *Gálatas 6:1*, esta es una marca de verdadera espiritualidad; es decir, que cuando se actúa sobre el error ajeno con altanería, soberbia y cierta superioridad, no hacemos más que conducirnos de manera natural y carnal como se podría esperar de cualquier mortal que no tiene adentro el Espíritu Santo.

Restaurando en vez de fusilar

Tengo que decir que muchos se han alejado de la iglesia, y lo siguen haciendo, al ver la dureza e insensibilidad con que sus pastores los han tratado a ellos o a sus amigos a la hora de enfrentar un desliz espiritual. O en casos aun peores, lo que se juzgó implacablemente no fue un pecado, sino algo que, para el gusto o las tradiciones de quienes bajaron el martillo de sentencia, no era religiosamente correcto. Las personas sienten un golpe durísimo que hace tambalear su fe cuando descubren que el amor, el interés y el cuidado de la iglesia para ellos existen siempre y cuando se manejen dentro de ciertos cánones establecidos localmente. No debiera suceder que las sonrisas desaparezcan y en vez de rostros solo se vean espaldas cuando aparece un pecado, un error, o hasta un punto de vista diferente. Si como iglesia pretendemos representar a Dios en la tierra, definitivamente no podemos dar el mensaje de que amamos a la gente mientras se porten bien, o al menos como a nosotros nos gusta.

Cuando alguien tropieza y cae es cuando más necesita de un amor puro y genuino que le ayude a vencer la ley de la gravedad espiritual y logre restaurarlo, haciendo que se levante del piso de su condición. ¿Eres de los que colaboran para que eso pase? Le pido a Dios tener una actitud como la del buen samaritano, que frenó

> **NO DEBIERA SUCEDER QUE LAS SONRISAS DESAPAREZCAN Y EN VEZ DE ROSTROS SOLO SE VEAN ESPALDAS CUANDO APARECE UN PECADO, UN ERROR, O HASTA UN PUNTO DE VISTA DIFERENTE.**

sus pasos, se agachó, se involucró, invirtió tiempo y dinero en curar, vendar y suavizar heridas para que la víctima, que estaba medio muerta, no terminara de estarlo totalmente. También oro por no ser de los que, cuando alguien ha sido asaltado y lastimado por el pecado, parecen querer acelerar su muerte pisoteándolo con humillaciones públicas, desprecio, condenación y olvido.

Qué hermosa realidad se respira en una congregación cuando se percibe una atmósfera de gracia y no tanto de justicia. Es una forma de representar más fielmente la manera en la que Dios mira a las personas. La gente se siente amada y segura, con un sano y equilibrado temor a Dios y no al juicio de los demás. Haz todo lo posible para colaborar desde tu posición para que esto sea así en tu entorno. Comienza por tener una mirada de tus hermanos más parecida a la que tiene el Padre celestial de todos nosotros.

La misma medida para todos

No vamos a avalar, apoyar ni facilitar el pecado en nuestros hermanos. No estamos para caer en un liberalismo extremo que felicite a las personas, hagan lo que hagan. Simplemente estoy apelando a que no nos fanaticemos con nuestro ideal de santidad ajena, dejando de lado los ejemplos clarísimos que Jesús nos dejó al respecto cuando caminó por estas tierras. Volvamos a leer los pasajes iniciales de este capítulo y tratemos de conciliar por un lado el mensaje que Dios nos deja, y por el otro nuestra sed de justicia. El Señor no nos dice que seamos blandos con el pecado, nos explica que si queremos aplicar justicia estricta, esta será para todos incluyéndonos a nosotros. Y recordemos que nuestras categorías de pecados pueden no coincidir con la de él.

¿Qué veo en el espejo?

Mi vida, como la tuya, no es una muestra de la justicia de Dios, sino más bien de su gracia. Si estás leyendo esto es porque sigues con vida. ¿Crees merecerlo? ¿Es «justo» que Dios te siga dando tantas nuevas oportunidades? Al menos en mi caso definitivamente no lo es. *Efesios 2:8* nos recuerda que nuestra salvación tiene que ver con la gracia de Dios y no con nuestros méritos. Esto quiere decir que el día que pisemos el cielo y nos quedemos con la boca abierta ante tanta maravilla insospechada que vamos a ver, ninguno de nosotros atinará a pensar algo como: «Qué bien que me porté en la tierra; la verdad es que esto lo tengo bien ganado. Gracias Dios por ser tan justo y darme precisamente lo que me correspondía...». No hace falta ir tan lejos. Cada mañana cuando miro a mi esposa y a mis hijos, y hago un rápido balance de todas las posesiones (aunque no son muchas), experiencias y oportunidades que he recibido en la vida, no veo justicia por ningún lado; más bien me inunda una sensación absoluta de gracia. La gracia no se merece, se recibe como regalo; y tampoco se limita a ciertos obsequios divinos, es más bien toda una mirada y una actitud constante de él hacia nosotros.

Látigo en mano para ordenar el templo

Uno de los momentos preferidos en la vida de Jesús para quienes tienen un perfil más bien rígido e inflexible, es cuando él entró en el templo y, látigo en mano, puso las cosas como debían estar *(Juan 2:15-16)*. Algunos sienten cierta atracción por el látigo y por poner a los demás en el lugar correcto. Aunque nunca lleguen a la acción física, a veces utilizan la violencia verbal o de actitudes, que según el caso, pueden doler tanto o más que un latigazo en la espalda. Lo que te propongo es que tomemos un látigo imaginario y que, al igual que el Señor, nos pongamos firmes y nos enojemos con toda la suciedad y corrupción que encontremos en el templo; pero no en el templo al que asistimos semanalmente, sino en el templo del Espíritu Santo que significa nuestra vida. ¿No hay suficiente para ordenar, limpiar y sanear en nuestro propio corazón como para que estemos adoptando el papel de detectives de la pureza ajena? Cuanto más conscientes somos de nuestra pecaminosidad, automáticamente más dispuestos estamos a tratar a los demás con la gracia con la que somos tratados por Dios. Y en el caso opuesto ocurre exactamente lo contrario: Mostremos con nuestra actitud a quienes nos rodean que estamos al tanto de nuestra condición de ser humano pecador.

Los «perdidos» de afuera

¿Habremos entendido el mensaje silencioso de Jesús frente a la multitud que rodeaba a aquella mujer? El título de un libro escrito por Phillip Yancey, cuya lectura recomiendo, es *Gracia divina vs condena humana*. Esa sigue siendo a mi entender la disputa que muchos cristianos mantienen en su interior a la hora de analizar la realidad que los rodea. Debo confesar que me produce cierta molestia cuando escucho sermones que, desde la comodidad de un púlpito, hablan en contra de toda la maldad y perdición que se nota en la sociedad; el típico mensaje de «nosotros» y «ellos»: Nosotros somos los buenos y ellos los malos. Los que hacemos las cosas bien estamos dentro de la iglesia y los que hacen todo mal están allá afuera donde reina el pecado. Yo me siento responsable como parte de la iglesia de Cristo por todo el desastre que vemos en nuestras calles. Creo que la misión que se nos dejó no pasa por denunciar ni acusar, sino más bien por rescatar y restaurar. No le veo mucho sentido a seguir proclamando lo que está mal mientras no movemos un dedo para cambiarlo. Si en la iglesia vamos a hablar del pecado de afuera, que sea con dolor, con amor y asumiendo nuestra responsabilidad, y no como suele suceder, con cierto orgullo y satisfacción por no pertenecer al grupo de los «perdidos».

Brian McLaren tiene razón en su libro *Más preparado de lo que piensas* cuando, con cierta ironía, dice que perdido es aquello que no llega a destino. Y nosotros hemos sido enviados en una misión a un lugar al que no estamos llegando. ¿No seremos nosotros los perdidos?

Manos libres (de piedras...)

Tenemos que empezar a combatir esa sensación equivocada de superioridad que hace que cuando no estamos condenando a los que están afuera, encontramos siempre alguien para condenar adentro. Pareciera como que lo importante es estar listos para apedrear, por supuesto, en honor a la santidad y por el gran amor y respeto que sentimos por el Señor. ¿Aprenderemos algún día la lección? ¿A quién apedreó Jesús, o cuándo alentó a ejecutar a alguien? Cada vez que el Señor aparece en los evangelios cerca de algún corrupto o pecador, se nos dice que se juntaba a comer con ellos, compartía, hablaba, los amaba y se los demostraba porque trataba de ganarlos. ¿Y las piedras? ¿Dónde estaba la justicia perfecta de Jesús? Esas personas no se merecían nada. Algunos de ellos eran ladrones y traidores a la patria que se enriquecían a costa de sus conciudadanos. Sin embargo, no hay discursos de acusación, solo amor y respeto por esas vidas. ¿Pero Jesús no debería haberse enojado ante tanto orgullo, egoísmo y pecado? Sí; el Señor se enojó, discutió, acusó y denunció, pero sorprendentemente lo hizo con los «buenos» que estaban «adentro» (los líderes religiosos) y no con los «malos» que estaban «afuera», a quienes les mostró su amor. La diferencia entre estos dos grupos de enfermos era que uno de ellos, creyéndose sano, rechazaba toda medicina *(Lucas 5:31).*

Usemos las manos para otra cosa

Si somos de los que se apasionan intensamente por Dios, debemos ser fieles a lo que nuestro Señor nos enseñó abriendo las manos y soltando esas piedras que parecemos llevar a todos lados. Según *1 Pedro 4:10,* tenemos la enorme responsabilidad de ser buenos administradores de la Gracia de Dios. ¿Hay situaciones condenables a tu alrededor? Qué bueno sería que, ya sin piedras, puedas usar tus manos para otra cosa: para ayudar, para apoyar, para restaurar y por qué no, para acariciar en vez de lastimar. Tanto dentro como fuera de la iglesia hay muchas personas que necesitan de Dios, es decir, que necesitan amor. Pedradas ya tienen de sobra. Quizás primero sea necesario darles un trato inmerecido que impacte y ablande sus corazones, para que luego estén listos y en condiciones de escuchar una voz que con todo cariño y autoridad pueda decirles: «No peques más...».

De niño le encantaba ver y escuchar las historias de superhéroes; emocionarse en torno a las aventuras de alguien que era distinto al resto, que tenía superpoderes, que podía volar, que frenaba las balas y tenía una fuerza que lo hacía invencible. Estos personajes estaban al servicio de la justicia y siempre aparecían en el momento oportuno para salvar a quien estaba en peligro. Esa admiración infantil que sentía respondía a una necesidad humana natural de ser protegido, ayudado y salvado. En sus clases de historia aprendió con gusto acerca de los caudillos que marcaron el camino a seguir, guiaron a sus pueblos a realizar proezas y conquistar batallas. Ya de adulto y como buen latinoamericano, siguió necesitando próceres en todos los ámbitos, buscando apoyarse siempre en alguna persona que mostrase firmeza, una fuerte capacidad de liderazgo y por qué no, también que tuviese poder para ayudarlo cuando hiciera falta. Esto no solo lo tuvo en cuenta a la hora de votar gobiernos, también lo canalizó en su cristianismo. Buscó hasta encontrar una iglesia con un pastor como los que a él le gustaban: alguien que espiritualmente le hiciese recordar a esos personajes con capa e insignia que decididamente se manejaban más allá de lo normal. Después de años de mirar, admirar y obedecer todo lo que Dios mandaba a decir a través de esta persona ungida a la que realmente idolatraba junto al resto de los demás fieles, ocurrió una fatalidad. En realidad, nadie murió, excepto la fe de cientos de personas. Al superhéroe le falló la capa y no voló más. Cayó y cayó muy feo, desde tan alto que fue mucho el ruido y el desastre cuando su imagen se desplomó. En realidad lo que salió a la luz fue que ya hacía mucho tiempo que no remontaba vuelo, arrastrándose por diversos terrenos oscuros de una forma tal, que no fue posible plantear ningún tipo de defensa o justificación. Este admirador suyo se había acostumbrado tanto a escuchar esa voz como si fuera divina, que todavía no puede separar las cosas. Hoy se debate entre rebelarse definitivamente contra Dios o encontrar a otro referente por el estilo, pero tiene mucho miedo de que le fallen otra vez. ¡Cómo le cuesta encontrar líderes perfectos que no lo desilusionen!

Un ex miembro del club de fans del Pastor X

> «...Te basta con mi gracia, pues mi poder se perfecciona en la debilidad».
> 2 Corintios 12:9

Es preocupante cuando dentro de la iglesia se levantan personas que parecen tener características de supercristianos. Ellos creen tenerlas y los demás también lo piensan, lo que constituye un doble error. A través de las últimas generaciones muchos líderes cristianos han proyectado con su imagen un equivocado traspaso vivencial de lo que es el cristianismo; y como ya hemos dicho, hay mensajes que aunque no se dan con palabras, son más poderosos que los sermones.

He aquí algunos mitos al respecto:

Mito número 1: El líder siempre está bien

Concretamente, existe el mito de que el pastor o el líder siempre tienen que estar bien, nunca pueden estar mal. Ellos nunca están tristes, nunca se enojan, nunca se deprimen y nunca tienen miedo de nada. Nunca discuten ni se pelean, nunca tienen problemas y si los tienen, enseguida los solucionan con su gran espiritualidad. Siempre están sonrientes en todas las reuniones (porque no faltan a ninguna). Si son casados, viven una vida de pareja ideal. Si tienen hijos son padres ejemplares. Nunca se les escucha pedir perdón o reconocer un error porque simplemente jamás se equivocan...

Esto no solo es un mito, sino que la Biblia se encarga de declarar todo lo contrario. Romanos 3:10 dice de forma muy clara que no hay ni un solo superhéroe espiritual: «No hay un solo justo, ni siquiera uno». Quienes intentan mostrar esta falsa realidad causan varios perjuicios. Primero, se hacen daño a sí mismos, ya que la presión que implica querer mantener a cualquier costo una fachada, que tarde o temprano se caerá por la misma ley de la gravedad, los terminará desgastando. En segundo lugar, están dando un mensaje errado acerca de lo que es la vida cristiana afectando a todos sus seguidores. Y en tercer lugar, terminan generando en la gente una imagen distorsionada de un Dios que pide imposibles y parece fomentar la hipocresía.

En todos lados me sigo encontrando con personas que viven vidas cristianas derrotadas, porque desde el comienzo creen que no están a la altura de lo que Dios les pide. El problema mayúsculo es que les han hecho creer, muchas veces a través de modelos ficticios, que Dios les pide algo que en realidad nunca estuvo esperando ni de ellos, ni de nadie, y cuando sienten que no llegan al nivel deseado se frustran. Allí caben dos opciones: o se alejan de la iglesia convencidos de que esto no es para ellos, o se quedan a fingir que está todo bien cuando en realidad no está todo bien. Este es el típico comportamiento que la religiosidad nos impone: manejarnos simulando que todo está en orden en nuestro interior, en el seno de nuestras familias y en nuestra relación con los demás, aunque la verdadera situación sea otra.

Mito número 2: En la iglesia solo hay que hablar de lo que «debería ser»

El cuadro se completa cuando no solo los líderes intentan mostrarse en un estado cercano a la perfección, sino que, además, lo que se vive dentro de la iglesia no ayuda para que la gente viva su fe de una manera genuina. Si cuando asistimos a un culto de lo único que escuchamos hablar desde el púlpito es de que todo debe ser amor, paz, gozo y plenitud, eso nos empuja y hasta diría que casi nos obliga a ponernos una careta y actuar por dos horas como si solo sintiéramos esas cosas, para después salir a la calle y volver a lo que es nuestra vida real. Este sería uno de los mejores cuadros que podríamos pintar de un religioso en el sentido más triste de la expresión.

Es una verdadera pena que algunas de nuestras iglesias sin querer fomenten este tipo de dualidades, no queriendo asumir y aceptar esa humanidad de la cual el mismo Creador nos vistió. Cuando en las reuniones en vez de hablar de lo que realmente nos pasa, de lo que sinceramente nos cuesta, de los altos y bajos tan normales y comunes en todos nosotros y de cómo ayudarnos a manejar esas cosas, nos dedicamos a recitar frases hechas referidas a un estado ideal que en realidad no existe; no hacemos más que facilitar y promover la hipocresía.

¿Se puede acaso vivir las 24 horas de los 365 días del año emanando por los poros solo amor, alegría y bondad? No, definitivamente no. Quien diga eso es un mentiroso, o en el mejor de los casos es un absoluto ignorante de lo que las Escrituras enseñan sobre el hombre. Solemos sentir otras cosas también. A ti, a mí y hasta a los pastores más renombrados nos sucede que la enfermedad visita nuestros hogares, perdemos el trabajo, atravesamos crisis económicas, surgen conflictos en nuestras familias, experimentamos el sabor amargo de la traición, o simplemente nos despertamos un día desanimados.

> **EN TODOS LADOS ME SIGO ENCONTRANDO CON PERSONAS QUE VIVEN VIDAS CRISTIANAS DERROTADAS, PORQUE DESDE EL COMIENZO CREEN QUE NO ESTÁN A LA ALTURA DE LO QUE DIOS LES PIDE.**

En cada una de esas situaciones no deseadas, no siempre estamos exultantes de gozo en nuestras almas, ¿por qué será? ¿Será que no somos lo suficientemente espirituales o será que somos humanos?

Mito número 3: Como cristianos no podemos sentirnos mal

¿De dónde hemos sacado que los cristianos nunca podemos estar tristes, o que nunca nos podemos enojar, desanimar o tener miedo? En el primer capítulo decíamos que hay creyentes que pretenden ser más cristianos que Cristo, y en este sentido hay personas que se manejan como si nunca hubieran leído los Evangelios, o en todo caso como si nunca les hubieran prestado atención. Jesús, Dios hecho hombre, el Creador viviendo en un envase humano como el nuestro, es y será nuestro máximo ejemplo de conducta en la vida. La Biblia nos cuenta que él se indignó *(Marcos 10:14)*, que lloró conmovido de dolor *(Juan 11:33)*, que en Getsemaní empezó a sentir tanto temor y tristeza que lo invadió tal angustia que pensó que se moría *(Marcos 14:33)*, y la lista podría seguir. Ahora entonces, ¿cómo es que yo tengo prohibido enojarme? Jesús lloraba de tristeza, ¿y yo tengo que tener siempre dibujada una sonrisa falsa en el rostro, me pase lo que me pase? Ante lo que se le venía, el Mesías se sintió por el suelo sumido en temor y angustia, ¿y yo jamás me puedo desanimar porque eso evidenciaría debilidad espiritual de mi parte? Él supo lo que es sentirse traicionado por alguien de suma confianza; él experimentó la ingratitud, el insulto, la violencia y la humillación. Todas estas cosas le dolieron profundamente en el corazón, ¿y a quién se le ocurre pensar una sola razón por la cual a mí no me tendrían que doler?

Aprendiendo a manejar nuestras emociones

El enojo

El ejemplo de Jesús nos muestra que no se trata de no sentir algunas emociones, sino más bien de saber cómo manejarlas. Jesús se enojó mucho por una buena razón, pero no trasladó ese enojo a todos los demás. Un segundo después estaba acariciando y bendiciendo a los niños. *Efesios 4:26* nos enseña que enojarse en sí no es un pecado, y el versículo siguiente nos aconseja no irnos a la cama al final del día con el enojo arraigado en nuestro interior, porque eso le da lugar al diablo. Vivir enojados es una invitación de puertas abiertas para que el enemigo se nos instale.

La tristeza

Cuando el Señor estuvo triste y con ganas de llorar, no salió corriendo a esconderse para que no lo vieran. Quienes lo rodeaban comprendieron que además de predicar y hacer milagros, él también sentía cosas. No escondamos nuestras tristezas como si fueran una vergüenza para nuestra espiritualidad. Tampoco hagamos de la tristeza un estilo de vida que prepare el cultivo para hundirnos en la depresión.

El miedo

Cuando algo desconocido y desconcertante se nos acerca, seguramente surgirá el miedo. La Biblia nos cuenta que, en el momento en que el Señor sintió temor y angustia, él decidió apoyarse en sus amigos más cercanos. Si él precisó hacerlo, ¿qué nos hace pensar que nosotros podremos solos? Todos necesitamos tener cerca relaciones significativas en lo espiritual: un mentor, un referente, un líder, un pastor, un hermano mayor o un amigo espiritual que en tiempos complicados nos pueda servir de sustento, además de contar con la ayuda incondicional del Espíritu Santo.

La decepción

En las horas amargas y punzantes de la traición, nuestro Salvador decidió seguir adelante para cumplir su propósito. Esto nos muestra un camino también a nosotros para saber cómo transitar esos días grises en los que la deslealtad y la decepción tocan a nuestra puerta.

SI ALGUNA VEZ TENEMOS QUE PEDIR PERDÓN Y RECONOCER QUE NOS MANEJAMOS MAL, NO DUDEMOS NI UN INSTANTE EN HACERLO.

Algunas cosas pueden llegar a afectarnos mucho, pero la buena noticia es que aunque los que nos rodean no nos entiendan, Jesús sí lo hace, porque él pasó por esas cosas. Él no nos condena, sino que nos extiende su mano para tomar firmemente la nuestra y levantarnos para que paso a paso podamos estar nuevamente de pie.

El verdadero ejemplo

Si somos líderes o de alguna forma guiamos a otras personas espiritualmente, no nos equivoquemos pensando que si alguna vez nos ven tristes o preocupados pasando por alguna situación difícil, nuestra autoridad espiritual se verá disminuida y daremos un mal ejemplo. Ocurrirá todo lo contrario: ellos descubrirán con agrado que somos tan humanos como ellos, que también tenemos problemas y que por eso sabemos cómo pastorearlos. Les encantará apoyarnos en oración como lo solemos hacer con ellos. Si alguna vez tenemos que pedir perdón y reconocer que nos manejamos mal, no dudemos ni un instante en hacerlo. Eso elevará nuestra autoridad y el respeto de ellos hacia nosotros. Todos nos sentimos más identificados con personas que viven cosas similares a las nuestras y que a pesar de ello pueden servirnos de ejemplo.

Las personas que más me han marcado en la vida y aquellas de las cuales sigo aprendiendo en la actualidad no son precisamente las que lucen casi perfectas. A decir verdad, estas no me sirven mucho de modelo, ya que las veo muy lejanas a mi humana y débil realidad. Es una medida que me queda tan alta que siento que no llegaré a ser como ellas. Sinceramente hay algo que no me invita a intentar imitarlas; se les ve tan arriba que en algún sentido no creo que estén realmente allí, por la sencilla razón de que, según la Palabra de Dios, no hay ni aun uno que esté en esa posición (que tenga capa y que vuele). Me llega mucho más el ejemplo de esos otros que son tan humanos como yo, tan imperfectos como yo, que a veces les sucede que pueden llegar a resbalar y hasta quizás trastabillar un poco, pero siguen adelante por la gracia de Dios en la cual se apoyan, y crecen, se superan, poco a poco son cada vez mejores y le encuentran el sentido a la intervención sobrenatural de Dios en el marco de sus limitaciones. Esos sí que me inspiran a mí a transitar ese camino.

Necesitamos manejarnos con autenticidad, conscientes de nuestra humanidad. No tenemos por qué pretender mostrar otra cosa. Dentro de esa vulnerabilidad es que Dios se manifiesta en nosotros y podemos manejarnos a otro nivel espiritual. Me refiero a otro nivel de crecimiento, de madurez, de victoria, de terreno ganado, y no tanto a otro nivel de posición o superioridad. Tiremos a la basura (no se lo regalemos a nadie) el traje de superhéroe espiritual; no nos queda bien y no le hace bien a los que nos rodean. Pongámonos nuestra propia ropa, hablemos con nuestra propia voz y usemos nuestro propio estilo para manejarnos. Dios nos creó de una forma apta para bendecir a los que nos rodean, por lo que no necesitamos ser imitadores de los heroicos movimientos de ningún prócer cristiano. Como podría enseñarnos Pablo después de haberlo experimentado en carne propia: «Su poder se perfecciona en nuestra debilidad» y no en nuestra religiosa perfección.

9# MUCHO MANTO Y POCA TOALLA
(EL ORGULLO Y LA RELIGIOSIDAD)

El aire estaba denso, eso se podía notar fácilmente. La escena parecía normal, pero el clima que reinaba en el recinto estaba enrarecido. Tanto las palabras que habían escuchado de primera mano como algún que otro rumor callejero hacían presagiar que algo enormemente traumático estaba en puerta. Como si eso fuera poco, los gestos de la cara de él, además de mostrar la paz y la ternura acostumbradas, dejaban ver también un pesar tan importante como inevitable. No había otra opción para las miradas; como siempre, todas estaban clavadas en el Maestro, pero esa noche más que nunca. El pequeño grupo de aprendices sentado a la mesa y casi inapetente, estaba más bien sediento de información que calmase el océano de dudas y confusión en el que lentamente se empezaban a ahogar. De repente ocurre lo menos pensado: en vez de palabras hay acción; nadie entiende nada, o en todo caso entienden tan claramente que la desorientación es total. El dueño de todo, el poseedor de toda autoridad existente, deja su lugar y se quita el manto para colocarse una toalla. Busca agua en un recipiente y ante la parálisis que provocan sus movimientos, las cosas parecen salirse de control y llegar hasta el extremo. El Señor toma suavemente los pies sucios del discípulo que tiene más cerca y comienza a lavárselos. Todos entran en shock espiritual, emocional y psicológico; la mayoría lo canaliza a través del silencio atónito; otro, el de siempre, lo verbaliza y atina a rebelarse ante tamaña injusticia. Desde el piso y mirando hacia arriba, quien está por acariciar sus pies lo desafía a permanecer, logrando así que acceda con la misma vehemencia que se había negado. El procedimiento se repitió una docena de veces y no hubo más palabras. No hacían falta; acababa de entregarse uno de los mensajes más contundentes, no solo a ellos, sino a millones en todas las latitudes y a través de todas las edades. Quizás por ello, para rubricar esta lección magistral, el Verbo hecho carne decide expresarse sellándola con un mandamiento que quedaría para la posteridad: «Les he puesto el ejemplo, para que hagan lo mismo que yo he hecho con ustedes...».

Un modelo de liderazgo
—Juan 13:1-17

> «...con humildad consideren a los demás como superiores a ustedes mismos».
> Filipenses 2:3

La humildad de Jesús es mucho más que un rasgo en su personalidad: es una filosofía de vida, un estilo de liderazgo, una manera de aplicar su autoridad y un modo de cumplir su misión. Todos los seres humanos luchamos encarnizadamente con nuestro orgullo, y mucho más aquellos que como hijos de Dios nos hemos decidido a servirlo a través del servicio a la gente. Los complejos de inferioridad o de superioridad, las mezquindades, los egoísmos, los celos, las envidias, las ansias de fama, popularidad y respeto, no solo afectan a los que están lejos de la fe: están agazapados en el corazón del hombre incluyéndote a ti y a mí.

La primera batalla perdida en esta guerra es no reconocerlo. Como pasa también con otros aspectos, hemos venido de fábrica con fallas ocasionadas por el pecado original. Nacemos con ciertas tendencias y orientaciones, y si no hacemos nada al respecto estas aflorarán y harán su efecto. No te ocupes de ello y el orgullo literalmente se comerá la humildad que el Espíritu Santo quiere forjar en ti.

El manto y la toalla

Me llama mucho la atención en el pasaje de *Juan 13* el contraste entre el manto y la toalla. El manto me sugiere la idea de autoridad, de dignidad, de poder y de comodidad. El pasaje dice que el Señor se sacó el manto para ponerse en la cintura una toalla, que nos da otra imagen: de esfuerzo, de servicio, de entrega, de posición inferior y de incomodidad. ¿De cuál de los dos objetos sentimos que estamos más cerca? Si uno mira a los religiosos de esa época, ellos definitivamente eran fanáticos del manto: amaban la posición a la que habían llegado, buscaban la alabanza de la gente, imponían las reglas que los demás tenían que cumplir e indiscutiblemente se sentían seres de una categoría superior. Tengamos mucho cuidado porque concentrarnos más en lo religioso que en Dios mismo nos llevará a caer en los mismos errores de antaño. Hoy los siglos han pasado, pero todavía se siguen notando las enormes diferencias de estilo entre Jesús y los fariseos. No importa tanto el tamaño de la iglesia o del grupo que lideremos; más allá de la trascendencia masiva de la tarea que estemos realizando, podemos estar enfermizamente aferrados a un manto que hemos alcanzado, o pugnando por conseguirlo.

Analicemos algunas desviaciones y consecuencias que surgen del amor al «manto» y cómo esto nos aleja del modelo de Jesús. En todo caso, evaluémonos en los siguientes aspectos a manera de test:

1 – Amor al poder

El poder es tener la capacidad de decidir sobre el destino de algunas cosas y algunas personas. Se dice que uno de los elementos que más seduce a los funcionarios públicos para acceder a un puesto de gobierno es precisamente el poder, que también dicen que es adictivo. Salvando las distancias, deberemos reconocer que dentro del pueblo cristiano, más de una vez nos vemos tentados por lo que significa que nuestras decisiones se obedezcan. No solo ocurre en ministerios o iglesias que han crecido tanto, que estar al frente de los mismos implica decidir sobre el manejo de grandes recursos y de muchas personas; lo mismo sucede en pequeños contextos. Es curioso que la mayoría de los conflictos que se dan en las iglesias tienen su raíz en pugnas de poder: algunos por no perderlo y otros por acceder a él. Sé que esto suena muy feo, pero no seríamos sinceros si no reconociéramos que el corazón de las discusiones no está en las diferencias de opinión en sí, sino en establecer quién es el que decide o manda. Esto es aferrarse al poder, y eso puede enceguecer tanto a quien está a cargo de un grupo de cinco personas como de uno de cincuenta mil.

2 – Amor a la posición

Nos puede suceder también que de alguna manera nos enamoremos del puesto que ocupamos; quizás por lo bien que nos hace sentir esa función o porque nos resulta atractivo estar al frente de personas que nos escuchan y nos respetan. A veces se da que alguien que no ha podido alcanzar metas significativas en su vida personal, con cierta facilidad encuentra una solución a sus problemas de autoestima en el marco de una congregación, alcanzando así una posición que lo hace sentir realizado como persona. Lamentablemente esa realidad puede hacer que quiera mantener dicha posición a cualquier precio.

Hace unos días un amigo me comentaba que en su pequeña iglesia, después de un tiempo de oración y consulta, la membresía le había pedido al pastor casi unánimemente que siguiera sirviendo desde otra posición, ya que quienes eran pastoreados por él no estaban de acuerdo con su visión, su estrategia y su liderazgo. Este pastor se negó rotundamente bajo el argumento de que Dios lo había llamado a estar allí, y allí se quedaría. Podríamos preguntarnos:

> A VECES NO MEDIMOS LA RACIONALIDAD DE NUESTRAS DECISIONES PORQUE HACEMOS DEPENDER NUESTRA REALIZACIÓN PERSONAL DE UN PUESTO EN LA IGLESIA QUE NOS HACE SENTIR QUE SOMOS ALGUIEN.

¿Qué es lo que hace que alguien insista caprichosamente en querer seguir guiando a personas que no lo quieren seguir ni lo ven como un referente? A veces no medimos la racionalidad de nuestras decisiones porque hacemos depender nuestra realización personal de un puesto en la iglesia que nos hace sentir que somos alguien. Cuando llegamos a ese punto ya no evaluamos los costos ni la coherencia de nuestras conductas.

3 – Amor a los títulos

El Señor nos ordenó amarlo a él y a la gente; esos fueron sus mandamientos principales. Por eso sería preocupante que de repente estemos amando más otra cosa, en este caso nuestros títulos. Más allá de cómo hayamos llegado a obtenerlo, un título no debe hacernos sentir mejores ni debemos utilizarlo para marcar una diferencia o distancia entre nosotros y quienes no lo tienen, sean estos académicos o eclesiásticos. Debo confesar que me molesta un poco cuando observo personas que exigen hacerse llamar por su título dentro de la iglesia. Estoy a favor del respeto y la sujeción a la autoridad pastoral, pero no creo que la misma se gane obligando a los demás a llamarnos de determinada manera. Hay otro detalle con respecto a los títulos que es curioso: en cualquier ámbito de la sociedad es un delito ostentar y querer ejercer un título que no fue otorgado legítimamente; pero lamentablemente, dentro de algunos ambientes cristianos los títulos van, vienen y cambian casi a gusto de quienes los poseen. El título de pastor, por ejemplo, lo llevan quienes han estudiado en un seminario para ello; quienes de forma autodidacta han profundizado en las Escrituras y han ejercido la función por años siendo reconocidos como tales; quienes han sido ordenados por su iglesia o denominación y también, no podemos negarlo, quienes en algún momento decidieron autootorgarse dicho título. En la época en la que estoy escribiendo este libro existe una gran propagación de títulos bíblicos como el de Apóstol, Profeta, Salmista, Levita, etc. No tengo nada contra dichas funciones bíblicas ni contra las personas que realmente se encargan de esos roles hoy, más allá de las diferentes maneras de interpretar esas funciones. Lo que sí me sorprende en algunos casos es la soltura con la que algunos pasan a tener estos títulos casi de un día para otro. El peligro de todo esto, dejando de lado lo merecidos que puedan ser o no ser algunos títulos, radica en sentir la necesidad y el placer de ser considerados superiores.

4 – Amor a la pleitesía

Quizás una de las razones por las que lidiamos con estas desviaciones es que nos gustan los beneficios de tener determinado poder, posición y títulos. A todos nos gusta que nos traten bien y si puede ser de una manera preferencial y distinguida, mejor. Que en el contexto de un grupo de personas seamos mirados con respeto y admiración puede nublarnos, distrayendo nuestra atención de las cosas realmente importantes y esenciales de nuestro ministerio. Es posible que en algún momento o en algún lugar nos den un trato «VIP»; valoremos y agradezcamos eso, pero no lo estemos esperando y mucho menos exigiendo, porque ahí estaremos traicionando uno de los principios del reino: «Hay más dicha en dar que en recibir». No debemos estar tan pendientes del tipo de trato que vamos a recibir, sino enfocarnos en cómo trataremos nosotros a las personas que vamos a servir.

Los modelos se reproducen

En nuestros primeros años de vida miramos a nuestros padres como los máximos modelos de vida. En el servicio cristiano ocurre algo similar. A ti y a mí nos ha marcado el ejemplo de algunos siervos de Dios que tuvimos cerca. De alguna manera hasta nos ilusionábamos y soñábamos con que Dios nos diera la oportunidad de estar algún día en su lugar. Hoy somos nosotros los responsables del modelo de servicio que estamos transmitiendo a quienes vienen detrás nuestro: si nos subimos a un pedestal para liderar desde allí, quienes aprenden de nosotros entenderán que esa es la forma y buscarán imitarnos. Parece mentira que un capítulo como este necesite ser escrito, sobre todo después del pasaje bíblico referenciado

> **CADA VEZ ME CONVENZO MÁS DE QUE ESTAMOS PARA SERVIR: CADA UNO EN SU PUESTO, CON SUS PROPIAS CARACTERÍSTICAS Y RESPONDIENDO A LLAMADOS CELESTIALES CONCRETOS.**

al principio; pero la realidad es que en algunos contextos parece haber más amor por los mantos que por las toallas, y quizás eso lo fuimos absorbiendo en estos últimos años de algunos ejemplos no tan positivos en ese sentido.

Contagiarse de Jesús

Creo que tenemos que pasar menos tiempo mirando la manera en que se conducen otros líderes para dedicarnos más a observar cómo vivía el Maestro. Si queremos tener la actitud correcta delante de los demás, nos hace falta hacernos lectores más frecuentes de los Evangelios para volvernos a sorprender e impactar por los movimientos, las palabras, las reacciones y las decisiones del Rey de reyes. ¿Cómo se puede ser soberbio después de estudiar la vida de Jesús? Si estoy muy preocupado por mi imagen y ando por la vida ministerial pendiente de recibir honra y reconocimiento, ¿será que soy un ignorante de la vida del Salvador o simplemente no la quiero recordar bien? Si estoy mirando a los demás pensando que ellos no tienen ni mi trayectoria ni mi prestigio, ¿no me hará falta mirar más el comienzo del Nuevo Testamento?

La presencia de Dios en la tierra es en su totalidad un canto a la humildad y un verdadero cachetazo a nuestro orgullo. Desde su concepción hasta su ascensión, el Señor se encargó intencionalmente de enseñarnos que no vino para que lo sirvan, sino para servir (*Mateo 20:28*). Cada vez me convenzo más de que estamos para servir: cada uno en su puesto, con sus propias características y respondiendo a llamados celestiales concretos.

Quizás vayas recogiendo algo de respeto al transitar tu camino; es posible que en algún momento reconozcan y valoren lo que haces, y hasta te brinden algún aplauso, pero insisto en que estamos radicalmente equivocados si trabajamos poniendo eso como un objetivo. Existe una gran contradicción que nos desacredita cuando se nota que en vez de glorificar a Dios andamos buscando recibir algo de alabanza.

Amor por la toalla

Hay una frase muy difundida que dice que «nunca nos parecemos tanto a Dios como cuando damos...». Quizás la expresión sea un tanto exagerada por el hecho de que tenemos muchas formas de parecernos a nuestro Padre celestial, pero no hay duda de que Dios es amor, entrega, generosidad, y cuando actuamos en esa dirección, tendemos a reflejarlo más fielmente. De la misma forma, me animaría a decir que una manera muy concreta de parecernos a nuestro enemigo el diablo es teniendo la ambición de querer ocupar lugares superiores para recibir honra y elogios. No hace falta que te pregunte a quién de los dos deseas parecerte; por eso, cualquiera que sea el «manto» que has obtenido o te han entregado a lo largo del tiempo, o cualquiera que sea el que un día tendrás, te animo a dejar que la figura de la toalla de *Juan 13* te perfore el corazón y te recuerde que toda esa posición y autoridad deben estar puestas al servicio de la gente. Y está claro que no estamos hablando del acto de humildad de un día para ser fotografiado, pues Cristo nos enseñó que así debemos vivir. Su modelo chocó violentamente con el imperante en la iglesia de aquellos tiempos. Hoy necesitamos dejar toda religiosidad o sistema de lado para que la gente perciba en nosotros amor por «toallas» que reflejen al Hijo de Dios, en vez de amor por los «mantos» y la posición que un día el maligno deseó.

No intentemos subir escalones que el Señor bajó para acercarse a la necesidad de la gente. Hagamos de la humildad toda una bandera para sostener en nuestra vida, y así poder honrar mejor al único que se merece alabanza.

10# ¿LA IGLESIA CONTRA EL MUNDO? (NUESTRA MISIÓN Y LA RELIGIOSIDAD)

Este es un llamado a la solidaridad: si alguien puede aconsejarnos para recuperar a nuestro amigo, lo sabremos agradecer. Los cinco nos criamos y crecimos juntos en el mismo vecindario. Compartimos el aula escolar desde que éramos niños y luego, cuando elegimos carreras universitarias diferentes, nos mantuvimos siempre unidos a través de actividades y salidas que fortalecieron aun más el vínculo y la lealtad que teníamos. Desde hace unos meses todo cambió. Nuestro ex amigo comenzó a ir a una iglesia evangélica y a partir de ahí su vida se transformó (cosa que él hoy reconoce y acepta con orgullo). De un día para otro empezó a distanciarse de nosotros cuatro y a tener actitudes totalmente evasivas que evidenciaban su clara intención de esquivarnos. Siempre estaba ocupado, mayormente con reuniones en su iglesia; pero lo que más nos molestaba era que en los mínimos encuentros casuales que teníamos estaba más bien serio, preocupado, y no nos miraba a los ojos ni nos daba explicaciones de su nueva conducta. Dado el grado de amistad cultivado por años, hace algunas semanas lo sentamos para que cara a cara nos contara qué era lo que estaba sucediendo, y estas fueron sus palabras: «Lo que pasa es que acepté a Cristo como mi único y suficiente Salvador». Por supuesto que no entendimos qué quiso decirnos, pero él continuó: «Ahora no puedo tener más amistad con el mundo, y ustedes, muchachos, son del mundo». No pudimos evitar interrumpirlo y tuvimos que preguntarle: «Y tú, ¿de dónde eres ahora? ¿Perteneces a otro planeta?». Él respondió: «Ustedes no lo van a entender, pero ahora soy un hombre nuevo y vivo para él». «¿Para quién?», le preguntamos, a lo que él contestó: «Para Dios». Nosotros, sumamente confundidos y a la vez interesados en saber más, le pedimos que nos contara qué quería decir eso realmente.

A esas alturas él ya estaba bastante inquieto y sin paciencia para satisfacer nuestra curiosidad, y poniéndose de pie para despedirse argumentó que sus líderes tenían razón y que nosotros nunca entenderíamos por no contar con la luz del Espíritu Santo. Mientras daba sus últimos pasos hacia la puerta, aprovechó para condenar una serie de cosas que nosotros hacemos y de las que él participó por años, amenazando con que en el día final comprenderíamos que él tenía razón y que hicimos mal en no escucharlo, pero que entonces sería demasiado tarde... Esta es la conclusión que sacamos: Él no es así, algo le hicieron y ojalá se le pase pronto. Hay cosas que no nos cuadran. Nosotros queríamos escucharlo, pero él no nos quiso explicar. Dice que encontró la felicidad, pero ahora tiene un rostro amargado que antes no tenía. Según nos dicen sus compañeros de trabajo y familiares, ya casi ni sonríe. Siempre hemos asociado la idea de Dios a algo bueno, y nos cuesta pensar que vivir para él sea pelearse con los amigos, acusarlos y abandonarlos; o como pasó hace unos días, levantarse e irse con el ceño fruncido en la mitad de la fiesta de casamiento de su hermana cuando empezaron a bailar, diciendo que él no se podía contaminar. Habla raro y usa mucho la palabra «mundo» de una forma despectiva. En fin, solo queríamos expresar que extrañamos a ese amigo que supimos tener, que si existe Dios nos desorienta, y que le recomendamos a cualquier persona que ni se acerque por esa iglesia que logró arruinar la vida de alguien que seguimos queriendo mucho, y que esperamos que regrese de ese planeta raro en que el cree estar viviendo ahora...

Carta de un grupo de amigos decepcionados

¿LA IGLESIA CONTRA EL MUNDO?

> **«No amen al mundo ni nada de lo que hay en él...». 1 Juan 2:15**

Algún día creo que escribiré un libro relacionado con el tema que trataremos en este último capítulo, ya que en este aspecto la religión sigue haciendo estragos importantes y más que nunca se hace necesario hablar de ello.

Hay un serio pecado religioso que la iglesia en general viene cometiendo desde hace mucho tiempo. Es religioso porque Dios nunca nos pidió eso; es más, está esperando que hagamos exactamente lo contrario. Me refiero al grave error de aislarnos, tomando actitudes y generando sentimientos y convicciones totalmente anticristianas; es decir, opuestas a lo que Cristo predicó con su ejemplo y con sus palabras.

Los versículos 15 y 16 del segundo capítulo de 1 Juan dicen: *«No amen al mundo ni nada de lo que hay en él. Si alguien ama al mundo, no tiene el amor del Padre. Porque nada de lo que hay en el mundo —los malos deseos del cuerpo, la codicia de los ojos y la arrogancia de la vida— proviene del Padre sino del mundo».*

¿Qué es el mundo?

Lo primero que tendríamos que definir es la palabra «mundo». Cuando La Biblia usa esta palabra a veces se refiere al planeta, otras veces a las personas que lo habitan y también, en ocasiones como esta, la usa para resumir en una sola palabra todo lo relacionado con el sistema humano corrupto por el pecado, con el cual las cosas se vienen manejando en las sociedades a través de la historia. Ese sistema está claramente gobernado por Satanás y busca detener el avance de los planes y del reino de Dios entre nosotros. Incluye los valores (o desvalores), criterios, parámetros y prioridades con las que se toman las decisiones que abiertamente dejan de lado a Dios, a quien este sistema le ha dado y le seguirá dando la espalda.

El odio al mundo

Nosotros debemos oponernos firmemente a esta manera de encarar la vida, totalmente afectada por la caída del ser humano. Pero de todos modos cabe recordar que la Palabra de Dios no nos está pidiendo que odiemos a nada ni a nadie; simplemente lo que nos manda es no amar a este sistema; es decir, no depositar nuestro amor y devoción en él. De allí que es sumamente agresiva la manera en la que muchos cristianos se refieren al mundo y sus cosas.

Ahora, cuando seguimos leyendo el versículo encontramos que tampoco tenemos que amar «*nada de lo que hay en él*», y la interpretación se puede tornar un tanto peligrosa. Mi familia está en el mundo, ¿no la puedo amar? Pasa algo similar con mi casa, mi trabajo, y por llevar el concepto al extremo, en el mundo también se encuentran mis pastores, mi iglesia y mi Biblia. ¿No puedo amar nada de lo que se encuentra debajo de la atmósfera terrestre sostenido por la ley de la gravedad? ¿Esa es la correcta interpretación de este pasaje? Ni el más acérrimo religioso podría afirmar eso. Es aquí entonces donde cabe preguntarse a qué se refiere realmente este pasaje, porque a partir de esa respuesta la relación con nuestro contexto se verá dramáticamente afectada.

Es obvio que tanto Santiago cuando dice: «*Si alguien quiere ser amigo del mundo se vuelve enemigo de Dios*» *(Santiago 4:4)*, como Juan en el pasaje que venimos revisando, cuando mencionan la palabra «mundo» se refieren al sistema que hemos descrito. La prueba de eso está en el versículo 16 cuando empieza a dar detalles de lo que hay en el mundo. ¿De qué habla? No menciona las cosas que solemos etiquetar metiéndolas en la lista de mundanas; solo hace referencia a malos deseos, codicia y arrogancia, por supuesto, entre muchos otros que podría mencionar que también están a nuestro alrededor e intentan alejarnos de la voluntad de Dios.

El problema está fuera y dentro de nosotros

La iglesia está demasiado ocupada en aislarse de todo lo que pasa en la calle, como si el pecado y la mala influencia del sistema solamente tuviesen efecto y jurisdicción geográfica de la puerta del templo hacia afuera. Frases como «Que el mundo no se meta en la iglesia» han hecho que cerremos las puertas y ventanas de muchas relaciones, de nuestro desarrollo y crecimiento en la sociedad, y de la posibilidad de influir positivamente en muchos ámbitos; mientras que, de la puerta para adentro, por momentos le prestamos excesiva atención a qué instrumento o estilo musical usaremos, qué aparato tecnológico introduciremos o cómo será la forma estandarizada de vestirnos o peinarnos, como si esos fueran los mayores peligros que enfrenta la iglesia para no dejarse impregnar por el mundo.

> **A LA HORA DE CUIDAR NUESTRA INTEGRIDAD, DEJEMOS DE MIRAR TANTO PARA AFUERA Y EMPECEMOS A MIRAR UN POCO LO QUE PASA DENTRO DE NUESTRAS CONGREGACIONES, DE NUESTROS HOGARES Y DE NUESTROS CORAZONES.**

No ganamos nada con encerrarnos

El caer en la actitud sectaria de aislarse es una de las formas más necias e inmaduras de encarar la batalla contra el sistema. Quizás alguien piense que si nos encerramos a vivir lo que nos queda de vida dentro de la iglesia, allí no estarían presentes los ejemplos del sistema del mundo que Juan usó en su descripción: los malos deseos, la codicia y la arrogancia. Que yo sepa, la iglesia nunca estuvo libre de estas cosas, y tenemos que recordar que jamás lo estará. Contra estas cosas lucharemos siempre porque nuestra naturaleza caída tiende por defecto a inclinarse hacia ese tipo de cosas.

No se soluciona nada con cerrar las puertas o con irnos a vivir a un monasterio en lo más alto y recóndito de algún paisaje montañoso; lo que la religión ha intentado por años no le ayuda a la gente a no pecar. Si me dejan solo y excluido, rodeado de gruesas paredes, sin TV, sin celular, sin Internet y sin nada, sepan mis queridos lectores que aun así tendré que luchar con mis malos deseos y con todo el paquete de mi humanidad, y nada ni nadie garantiza que ese contexto me ayudará a obtener alguna victoria. Quizás ocurra todo lo contrario. A la hora de cuidar nuestra integridad, dejemos de mirar tanto para afuera y empecemos a mirar un poco lo que pasa dentro de nuestras congregaciones, de nuestros hogares y de nuestros corazones. El mundo no tiene la culpa de todo.

Categorías caprichosas

Evidentemente la clave está en ir discerniendo qué cosas del sistema nos perjudican como cristianos. Como veíamos en los primeros capítulos, los religiosos suelen ser subjetivos y hasta un tanto caprichosos a la hora de decir lo que está bien y lo que está mal, lo que es importante y lo que no lo es. Es curiosa la facilidad con la que se cataloga de «mundanas» a ciertas cosas. Ya hemos recordado cuando Jesús les decía a quienes conducían la iglesia que «colaban los mosquitos y se tragaban los camellos». Lamentablemente, hoy vemos mucho de eso a la hora de cuidarnos de la mala influencia del mundo.

Por ejemplo, he escuchado a muchos jóvenes contarme con lágrimas cómo habían sido humillados y denigrados por sus pastores por haber hecho tal cosa o haber ido a tal lugar, o por no haber asistido a tal reunión. Además de tener mis serias dudas acerca de la mundanalidad de las acciones u omisiones de algunos de estos chicos, me quedó claro que fue muy mundana la manera y las palabras que estos líderes usaron para llamarles la atención. Algunos todavía creen que mientras no digan «malas palabras» (las que cambian vertiginosamente según la época y el lugar) está todo bien.

No es correcto tirarle encima un camión de arrogancia y desprecio a otra persona, pensando que mientras uno lo haga con el fin de exhortar está justificado.

Por algo seguimos aquí

En *Juan 17:15* Jesús oró: «*No te pido que los quites del mundo, sino que los protejas del maligno*». Está clarísimo que el Señor no ve nuestro aislamiento y encierro como una opción. Si simplemente se tratara de aguantar atrincherados hasta que él nos venga a buscar, ya hubiera venido a llevarnos. Evidentemente algún otro plan tiene con nosotros aquí. Él no pretende que cortemos todo vínculo con la música, la televisión, el Internet, Facebook, la universidad, los deportes o los amigos. Ninguno de ellos es malo o diabólico en sí mismo. Cerrarnos o prohibirlos no logrará nada bueno y nos perderemos un montón de cosas positivas. De lo que sí se trata, a juzgar por la oración de Jesús, es de cuidarnos del enemigo; un enemigo que tiende sus redes en todas partes y que puede colarse en todos lados, tanto en la computadora de los jóvenes como también en los sermones que yo doy desde el púlpito. No seamos de esos líderes que para cuidar a sus adolescentes del sistema les prohíben escuchar música que no sea de alabanza o de intérpretes cristianos, pero en sus casas ellos mismos miran programas de TV que sonrojarían a más de uno. Me suelen contar con cierta decepción de cazadores empedernidos de mundanalidades y carnalidades ajenas, que cuando uno está cinco minutos en sus casas puede ver que el trato a su esposa y a sus hijos no es para nada espiritual.

> **DIOS NOS TIENE QUE DAR LUZ PARA CONDUCIRNOS CON TACTO Y SABIDURÍA EN MEDIO DE UN CAMPO MINADO POR EL ENEMIGO.**

Dios nos tiene que dar luz para conducirnos con tacto y sabiduría en medio de un campo minado por el enemigo, con sus peligros concretos pero que a la vez nos presenta extraordinarias oportunidades para cumplir la misión que se nos encargó.

Salir a ganar o a no perder...

Si le preguntamos a cualquier entrenador de futbol, nos dirá que no es lo mismo salir a jugar un partido con la firme intención de ganarlo, que salir con el objetivo de no perderlo. En el primer caso el foco está fijado en el arco rival y en meter goles allí; mientras que en el segundo, la mirada está puesta en el propio y en que no nos marquen goles a nosotros. La mayoría de las veces ocurre que quien solo sale a defenderse, pensando en lo peligroso que es el otro equipo, termina perdiendo. A su vez, hay un refrán que dice que «no hay mejor defensa que un buen ataque». Haciendo una analogía con la iglesia, y sobre todo en los ámbitos juveniles donde más me toca moverme, estoy en condiciones de decir que a los creyentes se les prepara casi exclusivamente para defenderse: solo se habla de que hay que tener cuidado con esto y de que no hay que hacer aquello, de lo peligroso del enemigo, de los riesgos de la calle y de las múltiples tentaciones que nos rodean por doquier. Y de tanto pensar y obsesionarnos con que no hay que caer, como si la vida cristiana fuera solamente eso, terminamos resbalando.

Pensar más en el arco rival

Pareciera que en este partido el juego se da en una sola dirección: las malas influencias que vienen desde afuera hacia nosotros. ¿Pero qué pasa con la buena influencia que nosotros tenemos para esparcir en la dirección contraria? ¿Qué sucede con los goles que nosotros podemos marcar? Nuestra juventud pasa demasiado tiempo pensando en no caer, discutiendo hasta qué límite se puede llegar sin pecar, y qué cosas podrían pasar de la lista de «no permitidas» a la de «aprobadas»; pero muy pocos parecen entrenarlos para influir positivamente afuera. Casi ni les hablamos del increíble potencial que tienen en su interior para salir a afectar su entorno. La consigna parece ser: En lo posible no salgas, y si lo haces ten muchísimo cuidado con cada paso, con cada persona, con cada canción que escuchas, con cada película que miras, etc. Todo eso está bien, pero es solo una mitad de la historia. Llegó el momento de hablarles de la otra parte que tiene que ver con salir a dar lo que tenemos. Los cristianos debemos salir al mundo cada mañana decididos a bañar nuestro contexto con el entusiasmo, la alegría, la paz, la solidaridad, la honestidad, el respeto y la amabilidad que el Espíritu Santo puso en nosotros. Nadie se resiste a eso, todos están esperando verlo. A ninguno de nuestros familiares, compañeros y vecinos les caen mal estos valores, solo tenemos que salir a jugar nuestro partido convencidos de que tenemos algo único y necesario para esta sociedad.

Es verdad que debemos tener cuidado con un montón de peligros, pero es igual de real la posibilidad y la oportunidad que tenemos de cumplir la misión que se nos dejó. Está claro que hay que ser cuidadosos de nuestro arco, pero nuestro Señor en el momento de ascender nos habló del arco de enfrente y de que su poder nos iba a ayudar a meter goles allá; nos pidió que vayamos por todos lados a influir, a brillar y a contagiar con el evangelio a toda criatura. Y como dice el refrán, te aseguro que no hay forma más efectiva de defenderse del enemigo que estar ocupados en ganarle terreno siendo sal y luz constantemente donde nos movemos. Nuestros jóvenes deben dejar de estar pensando todo el día solamente, por ejemplo, en cómo hacer para resistir las tentaciones sexuales, y tienen que empezar a pensar más en ser protagonistas de cambios que Dios quiere hacer alrededor de ellos. Esto seguramente los alejará más de las cosas que no les convienen. Es lógico pensar que si me paso todo el día pensando en algo, mi

> LOS CRISTIANOS SON ALENTADOS EN SUS IGLESIAS A CORTAR VÍNCULOS CON LAS AMISTADES QUE TENÍAN ANTES Y A INTERACTUAR LO MENOS POSIBLE CON VECINOS Y COMPAÑEROS DE TRABAJO QUE NO COMPARTEN SU FE.

interés, mi curiosidad y mis decisiones rondarán en torno a ese tema. Alertemos y protejamos a nuestras ovejas espirituales, pero si les creamos un miedo enfermizo al «afuera» e intentamos aislarlos siendo monotemáticos, lo único que conseguiremos es que se acerquen a lo temido y terminen perdiendo su partido.

¿Brillar escondidos?

Mateo 5:15 dice: «*Ni se enciende una lámpara para cubrirla con un cajón. Por el contrario, se pone en la repisa para que alumbre a todos los que están en la casa*». El miedo a perder, a caer en pecado, y la actitud totalmente defensiva nos han ido llevando a encerrarnos, y desde ese encierro no podemos pretender ser la luz para una sociedad que está a oscuras. El ejemplo de Jesús es sumamente gráfico: sería ridículo pensar que una lámpara puede alumbrar una casa desde dentro de un cajón, sin embargo, nosotros lo seguimos intentando.

Es triste decir que existen ejemplos como los que vimos en el comienzo de este capítulo, y con algún que otro detalle de más o de menos, son muy frecuentes. Los cristianos son alentados en sus iglesias a cortar vínculos con las amistades que tenían antes y a interactuar lo menos posible con vecinos y compañeros de trabajo que no comparten su fe. Desde esta perspectiva, juntarse a comer con ellos, por mencionar una actividad, sería algo muy poco conveniente y edificante (porque quién sabe los temas que saldrían en la mesa y las malas palabras que se podrían llegar a decir...). ¿Cómo brillar entonces? Solo queda hacerlo desde dentro del cajón. La única posibilidad que tendrán nuestros amigos de ser alumbrados con la luz que tenemos para hacer brillar, será venir y entrar a nuestro templo en una de esas actividades «evangelísticas», o que al menos intentan serlo. Es complicado lograr que ellos asistan, entre otras cosas porque estos encuentros son diseñados según moldes y códigos muy de entrecasa, en vez de ser pensados en función de personas que no vienen normalmente a la iglesia. Y además, tomando como ejemplo nuestra historia inicial, ¿qué ganas pueden tener ellos de venir a mi iglesia si desde que yo asisto solo han visto en mí actitudes negativas de discriminación y fanatismo? Ellos no son tan tontos como creemos para no darse cuenta de que solo nos acordamos de su existencia cada vez que hay algo especial en nuestra iglesia.

Ganar amigos en vez de perderlos

Es notable la cantidad de amigos que hemos perdido, a veces con actitudes marcadamente erradas como en el caso descripto al inicio, pero en muchas ocasiones también producto de nuestra sobreactividad eclesiástica que nos impide tener espacios para cultivar relaciones sanas. El exceso de reuniones no debería privarnos de tener algo de tiempo para la familia y los amigos. Si alguien piensa que es mejor cristiano y que tiene a Dios en un súper primer lugar porque resigna a sus relaciones para darle tiempo a las reuniones, me temo que esa persona no entendió de qué se trata la propuesta de Dios. Volvamos una vez más a mirar a Jesús: él no solo le hablaba a multitudes, también hacía tiempo para compartir la mesa con diferentes personas. Y lo más llamativo es que lo vemos juntándose a comer con el objetivo de hacer nuevas amistades, muchas veces con personas de esas a las que cualquier pastor aconsejaría no vincularse en lo más mínimo. Pero él no solo lo hacía con un propósito claro, sino que lo lograba a pesar de las críticas.

Cuando se reunía en una mesa con corruptos y prostitutas, él no solo pensaba en su propio arco; él iba pensando en el de enfrente, es decir, en cómo dar de lo suyo y alumbrarlos. Las malas palabras de ellos, sus pésimos hábitos y su mala vida eran solo una parte de ese partido que él salía a ganar. Creo que en vez de seguir reduciendo relaciones deberíamos estar pendientes de conseguir nuevas, generándolas en los diferentes círculos en los que nos movemos. Me encanta hacer nuevas amistades; me entusiasma mucho la posibilidad de que alguien pueda ver aunque sea un poquito de lo que Dios hace en mí y de lo espectacular que es seguirlo. En nuestro ejemplo del principio, los cuatro amigos tenían muchas ganas de charlar de Dios mano a mano tomando algo, y no de sentarse en el banco de una iglesia para que alguien desconocido tratara de convencerlos; pero el nuevo creyente nunca tuvo en cuenta eso, interpretó ese espacio como un terreno enemigo del que debía huir airoso tirando frases guerreras. Eso es lo que logra el cajón: impedir que la luz salga y alumbre.

Explotando los «sí» del cristianismo

Producto de todo lo que venimos describiendo, el común de la población, en el mejor de los casos, nos ve a los cristianos como gente buena pero rara, que pasa mucho tiempo dentro de la iglesia y que viven reprimidos por un montón de cosas que la religión no les permite hacer. Nadie me puede discutir que somos más conocidos por lo que NO hacemos que por lo que SÍ hacemos. Las cosas que no hacemos les brindan una imagen a los demás de que somos aburridos, de que no somos normales y de que somos fanáticos, ya que incluso acusamos y condenamos a los que sí hacen lo que nosotros no, es decir, prácticamente a todo el mundo.

Ni siquiera voy a entrar en la polémica de qué porcentaje de incidencia tienen Dios y el hombre en la conformación de la famosa lista que cada uno tiene de las cosas que no se deben hacer. Hablemos en concreto de los mandamientos claramente indicados por Dios: ellos están, existen y de alguna forma constituyen una guía que hacemos bien en tener presente y obedecer; pero esa es solo una parte de la Biblia. ¿Qué pasa con todos los otros mandamientos, muy expresos también, acerca de cosas que sí tenemos que hacer? Es un gran error concentrarnos solo en los mandamientos negativos (que nos piden no hacer) y dejar de lado los positivos (los que nos ordenan actuar).

No es mucho pedir

Cómo me gustaría que se nos dejara de considerar como el pueblo de los que «no», para vernos como el grupo de gente que «sí»: que sí ayuda, que sí está presente, que sí quiere colaborar para construir una sociedad mejor. ¿Hasta cuándo en la escuela y en el trabajo el cristiano será visto como ese que llega con cara larga, que apenas saluda y que no se junta con nadie para no contaminarse? Es hora que de que se diga algo más que: no fuma, no se droga, no vive la noche y no dice malas palabras. Me ilusiono con que algún día en la mayoría de los casos digan de nosotros: es el mejor amigo, siempre está cuando lo necesitas, es muy solidario, siempre dispuesto a dar una mano, se junta con todos, es muy respetuoso sin discriminar a nadie, tiene una sonrisa muy sincera que nos contagia, a pesar de que tiene problemas los lleva adelante de una forma que nos sorprende, es honesto y amable, cuando se equivoca lo reconoce y pide perdón, es humilde y siempre transmite paz sin buscar conflictos, cree en Dios y es muy coherente cuando nos habla de eso, no se anda espantando por nada y no busca convertirnos a la fuerza.

> **NADIE ME PUEDE DISCUTIR QUE SOMOS MÁS CONOCIDOS POR LO QUE NO HACEMOS QUE POR LO QUE SÍ HACEMOS.**

Te aseguro que no estoy describiendo a un supercristiano; estoy hablando de uno que está feliz de serlo, seguro de sí mismo en su fe, consciente de lo que tiene dentro, de lo que tiene alrededor y de su misión en la vida. Créeme, no es mucho pedir. El Espíritu Santo produce este tipo de cosas dentro de nosotros, y estas pueden salir con la misma naturalidad que surgen dentro de la iglesia, donde parece más fácil manejarse así. ¿Por qué en el templo nos manejamos de una forma y en la calle de otra? En la iglesia sonreímos, saludamos y amamos a todo el mundo, mientras que en la calle solo andamos alerta con la guardia siempre en alto para que nadie nos pervierta. Oro para que este capítulo nos ayude a convencernos de que tenemos que cambiar la idea y el enfoque de nuestro andar en la sociedad. Además de cuidarnos de la corrupción del sistema del mundo, tenemos que salir cada mañana dispuestos a que Dios, desde nuestro interior, salpique con su amor y bendición todo terreno que pisemos.

Ausentes o influyentes

A través de todo este libro he intentado ayudar humildemente a que abramos los ojos a los peligros y perjuicios de vivir nuestro cristianismo religiosamente. Dios no vino a traernos listas ni reglamentos, vino a proponernos una vida plena y nos dejó un claro mapa que tiene sus lineamientos. Disfrutemos de la presencia del Creador en nuestros corazones y no padezcamos nuestra fe. Démosle prioridad a lo que es realmente esencial a los ojos de Dios y dejemos en un lugar secundario todo lo demás, incluyendo las formas y nuestros gustos personales. La decisión de cómo transitar nuestra vida cristiana no solo tiene que ver con nosotros, sino que tendrá un efecto multiplicador a nuestro alrededor y un efecto cascada para quienes vienen detrás nuestro. Nosotros podemos ser los instrumentos que Dios use para que muchos hijos de Dios disfruten su vida con más entusiasmo que presiones. Y por último, déjame decirte que los planes de Dios avanzarán o no en nuestro entorno según la postura que tomemos con respecto a la misión que Cristo nos dejó. La religión nos empuja a borrarnos y a enjaularnos dentro de nuestros templos para discutir y terminar peleándonos por diferencias y ambiciones; en cambio, el saber que Dios nos ha dado elementos y herramientas para conducirnos en medio de este sistema con el fin de que seamos luz, hace una gran diferencia en nuestra experiencia cristiana y sus resultados.

En este mundo con tanta necesidad, ¿seremos religiosos ausentes o verdaderos cristianos influyentes? La decisión es individual. O nos dedicamos a ser guardianes implacables del cumplimiento de listados religiosos, o nos dejamos llenar por Dios para bendecir salpicando a quienes nos rodean. De acuerdo a lo que escojamos, así será el sabor de nuestra vida cristiana, así será la alegría y la paz que sentiremos, e incluso así será la expresión de nuestro rostro que mostrará como una vidriera el estado de nuestra vida interior.

NOTAS

NOTAS

NOTAS

NOTAS

si trabajas con jóvenes nuestro deseo es ayudarte

UN MONTÓN DE RECURSOS PARA TU MINISTERIO JUVENIL

Visítanos en
www.especialidadesjuveniles.com

 /EspecialidadesJuveniles 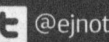 @ejnoticias

101 preguntas difíciles
101 respuestas directas

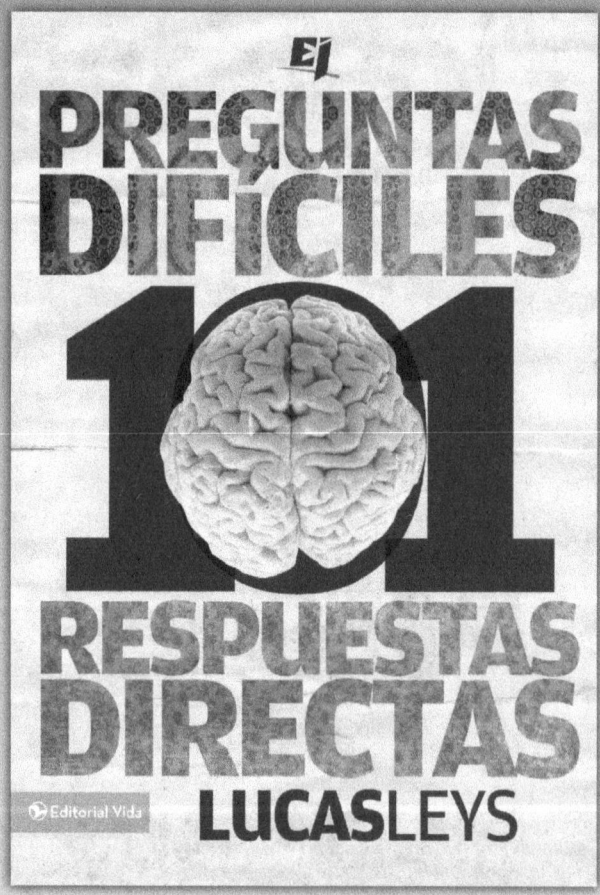

Lucas Leys

Desafía al futuro

Paolo Lacota

Lo que todo pastor debe saber de su Líder de jóvenes

Lucas Leys

Lo que todo líder debe saber de sus jóvenes

Sergio Valerga

Nos agradaría recibir noticias suyas.
Por favor, envíe sus comentarios
sobre este libro a la dirección
que aparece a continuación.
Muchas gracias.

vida@zondervan.com
www.editorialvida.com

www.ingramcontent.com/pod-product-compliance
Lightning Source LLC
LaVergne TN
LVHW030635080426
835510LV00022B/3383